AF453637

LOGES DE RAPHAËL

AU VATICAN

PARIS — IMPRIMERIE DE J. CLAYE

RUE SAINT-BENOIT, 7

ESSAI

SUR LES

FRESQUES DE RAPHAËL

AU VATICAN

PAR

F. A. GRUYER

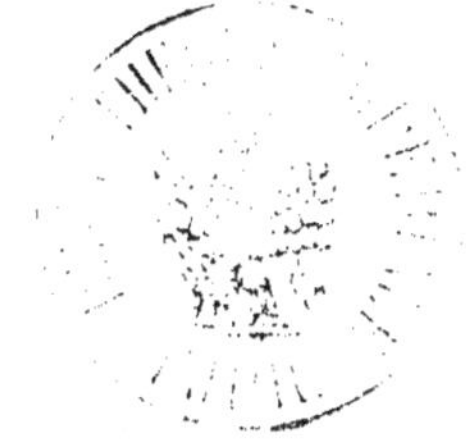

LOGES

PARIS

Vᵛᵉ JULES RENOUARD, ÉDITEUR

6 RUE DE TOURNON

MDCCCLIX

INTRODUCTION

INTRODUCTION

Raphaël, comme la plupart des artistes de la renaissance, mérite d'être étudié sous le triple aspect que présentent ses œuvres, et si ses peintures sont restées inimitables, ses modèles de sculpture et les monuments qu'il a construits sont dignes aussi d'une attention sérieuse.

C'est surtout dans les *loges* du Vatican qu'on peut considérer à la fois le Sanzio comme architecte, comme peintre, et même comme sculpteur. Car c'est lui qui a élevé cette partie du palais pontifical, ce sont ses compositions qui ornent les voûtes de la *loge* du second étage, et c'est sur ses dessins qu'ont été

1. Les *loges* (loggie) sont un mode de construction propre à l'Italie, et n'ayant d'équivalent ni dans notre architecture, ni dans notre langue. Tantôt la *loge* (loggia) est un portique couvert, formé d'arcades à colonnes au rez-de-chaussée d'un palais : telle est la *loge de' Lanzi*, construite par Orcagna à Florence. Tantôt les *loges* sont une suite de portiques divisés en arcades, formant une galerie

modelés les innombrables bas-reliefs en stuc qui complètent, avec les arabesques, le merveilleux ensemble de cette décoration.

Les plus beaux génies qui surgirent en Italie du XIVe au XVIe siècle regardèrent l'architecture comme le premier de tous les arts, et en se montrant architectes habiles autant que peintres ou sculpteurs, Giotto, Orcagna, Mantegna, Léonard de Vinci, Michel-Ange et Raphaël, suivirent l'exemple que leur avaient donné Lysippe, Praxitèle, Phidias et Myron. C'est que dans les beaux temps de la Grèce et de l'Italie, les arts du dessin n'étaient pas classés par spécialités, comme ils le sont aujourd'hui. On n'avait pas encore établi parmi eux cette espèce de division du travail, qui tend à les abaisser au niveau des industries. Ils étaient considérés comme complémentaires les uns des autres, et dérivaient d'un principe commun. Le peintre avait, comme architecte, quelque chose de scientifique qui préservait sa raison des écarts de l'imagination ; et l'architecte, comme peintre, apportait dans l'aridité de ses travaux un souffle de poésie qui leur enlevait toute sécheresse. Par une longue pratique du dessin, les artistes s'assimilaient une science qu'ils appliquaient ensuite indifférem-

continue avec balcon, et sans fermeture extérieure : telles sont les *loges* élevées par Raphaël au Vatican. Ou bien encore la *loge* es une galerie découverte qui aboutit aux appartements. Ou enfin la *loge* est une sorte de donjon ou de belvédère pratiqué au faîte d'un édifice, comme on le voit dans un grand nombre de maisons à Florence et à Rome.

ment à la peinture, à la sculpture ou à l'architecture ;
et, regardant comme identique le génie de ces trois
arts, la transition de l'un à l'autre ne leur coûtait rien.
Qu'ils eussent à se servir du compas, de l'ébauchoir
ou du pinceau, c'est dans la nature qu'ils puisaient
leurs inspirations, et le corps humain était pour eux
comme un livre sans cesse ouvert à leurs méditations,
dans lequel ils trouvaient les raisons de l'harmonie,
les principes de la science, et les modèles des belles
proportions. C'est ce qu'enseigne Vitruve lorsqu'il dit :
« Non potest ædes ulla sine symetria atque propor-
« tione rationem habere compositionis, nisi hominis
« bene figurati membrorum habuerit exactam ratio-
« nem. » Et cette théorie qui fait dériver l'art de bâtir
de l'étude de l'homme, Vitruve la tenait des Grecs,
qui s'étaient pris eux-mêmes comme type naturel de
leur architecture. Malheureusement l'art moderne
n'est plus dirigé par ces doctrines saines et élevées.
Le peintre, le sculpteur et l'architecte ne disposent
plus de la science, mais seulement d'une portion de la
science, et cette division a été funeste à tous les arts
du dessin, mais surtout à l'architecture, qui a perdu
ainsi les ressources les plus capables d'inspirer spon-
tanément ses œuvres.

Si Raphaël n'avait pas embrassé de suite la pratique de l'architecture, il avait montré du moins dans
ses tableaux qu'il en possédait tous les éléments. Dès
son arrivée à Florence, ce jeune homme de vingt ans
était capable d'enseigner à Fra Bartolomeo les lois de

la perspective ; et déjà, dans son tableau du *Sposalizio*, il avait dessiné ce temple périptère, d'une noblesse, d'une élégance et d'une justesse d'exécution qui auraient fait honneur aux plus habiles. Enfin, quand il n'aurait laissé d'autres travaux en ce genre que les fonds des fresques de l'École d'Athènes, du Châtiment d'Héliodore, de la Messe de Bolsène, de la Délivrance de saint Pierre, de l'Incendie du Bourg, et des cartons des Tapisseries, cela devrait suffire pour assurer sa renommée comme architecte. Mais il devait produire dans tous les genres des modèles et des types immortels.

Bramante étant mort en 1514, Léon X satisfit à son dernier vœu en lui donnant Raphaël pour successeur dans la direction des travaux de Saint-Pierre et du Vatican. C'est à partir de cette époque surtout qu'on voit le génie du Sanzio se multiplier à l'infini, se répandre partout et sur tout, et conduire à la fois les entreprises les plus diverses et les plus considérables. Ainsi en 1515, Léon X l'emmène à Florence, pour y étudier, conjointement avec Michel-Ange, un projet de façade destiné à l'église San Lorenzo [1] ; et pendant ce séjour éphémère, il enrichit la ville des Médicis de deux palais, le palais degl' Uguccioni [2] et le palais Pandolfini [3], que cette belle cité comptera désormais

1. Léon X ne donna pas suite à ce projet. Mais Raphaël n'en fit pas moins un fort beau dessin, dont Algarotti parle avec enthousiasme, pour l'avoir vu et copié dans la collection du baron de Stosch.

2. Ce palais se voit sur la place du Grand-Duc.

3. Ce palais se trouve dans la rue San Gallo. Raphaël le con-

parmi ses plus précieux monuments. Le second de ces palais surtout présente un type parfait de simplicité, de sagesse, de grâce et de pureté : l'entablement, chef-d'œuvre de goût, est cité comme un modèle classique, et il est impossible de rêver de meilleures proportions de détails et d'ensemble.

Revenu à Rome, Raphaël se mit à l'œuvre comme architecte du Vatican, et exécuta d'abord un modèle en bois des bâtiments qu'il voulait construire. — Il serait à souhaiter que, dans les grandes entreprises, l'architecture moderne revînt à ces sages pratiques qui peuvent seules permettre de juger l'effet réel d'une construction à l'état de projet [1]. — Du reste, Raphaël qui avait trouvé son idéal en peinture, le cherchait encore en architecture ; il ne lui suffisait pas de plaire à ceux qui le jugeaient, il voulait encore obtenir son propre suffrage. « ... Le modèle (*forma*) que j'ai « fait convient à Sa Sainteté, et plaît à beaucoup de « gens habiles, » écrit-il à Balthasar Castiglione à propos de la basilique de Saint-Pierre, « mais je porte « mes vues plus haut, je voudrais retrouver les belles « formes des édifices antiques. Mon vol sera-t-il celui « d'Icare? Vitruve me donne sans doute de grandes « lumières, mais pas autant qu'il m'en faudrait. » Ainsi les monuments antiques de Rome ne suffisaient pas au goût délicat du Sanzio, il comprenait instinc-

struisit pour Giannozzo Pandolfini, évêque de Troja, avec lequel il était lié d'une étroite amitié.

1. Cette habitude subsiste encore en Italie.

tivement ce qui avait manqué à Vitruve pour égaler Ictinus, et il tâchait d'éclairer son esprit par les dessins qu'il faisait faire dans l'Italie méridionale et jusqu'en Grèce [1].

Raphaël était donc digne, et par la science qu'il possédait déjà, et par les efforts qu'il faisait sans cesse pour l'agrandir encore, de prendre la direction des travaux de Saint-Pierre et du Vatican [2]. Déjà sous Paul II, l'architecte Florentin Guillaume de Majano avait imaginé des portiques à plusieurs étages, pour former la façade du palais du côté de la ville. Mais Jules II trouvant cette construction mesquine, l'avait fait abattre, et avait ordonné à Bramante d'en élever une nouvelle. Léon X poursuivait les projets de Jules II, lorsque Bramante mourut, n'ayant encore élevé que le rez-de-chaussée de ce bâtiment. C'est alors que Raphaël couronna ce palais de trois rangs de portiques ou *loges*, dont les deux premières sont

---

1. On lit dans Vasari (*Vite de' Pittori*, ij, 118) : « Je possède une gravure faite du temps de Raphaël. Elle représente la base d'une colonne ornée de deux figures de femmes en bas-relief, et supportant chacune un bouclier. Entre ces figures est un autre bouclier qui est rond et d'une grande dimension, et sur lequel on lit : S. P. Q. R. On voit au-dessous trois jeunes garçons qui tiennent des guirlandes de fleurs. On lit au bas de l'estampe, qui a été gravée par Augustin de Venise, quoique son nom n'y soit pas :

> *Basamento d. la colona d. Constantinopolo*
> *Mandato a Rafelo da Urbino.*

W. Roscoë a reproduit cette inscription dans sa *Vie de Léon X*, t. IV, p. 282 de la traduction française.

2. Il s'adjoignit Fra Giocondo, alors fort avancé en âge.

formées d'arcades soutenues par des pilastres, tandis que la troisième est ornée de colonnes qui portent l'entablement. Cette disposition, particulière à l'étage supérieur, ajoute beaucoup à l'élégance et à la légèreté de l'ensemble. Il importe de rappeler aussi que les *loges* de Raphaël n'avaient qu'une seule face, regardant Rome. Ce ne fut que plus tard, sous Grégoire XIII, Sixte V et les papes qui suivirent, que furent élevées les deux autres ailes qui encadrent aujourd'hui la cour de Saint-Damase [1], et qui, en agrandissant il est vrai le palais pontifical, détruisent en partie l'harmonie du plan de l'Urbinate, et masquent à sa *loge* une portion de l'immense horizon qu'elle dominait.

Raphaël continua-t-il les projets de Bramante, ou s'inspira-t-il seulement de ses propres idées? C'est ce qu'on ne saurait dire d'une manière absolue. Cependant les *loges* Vaticanes, tout en témoignant de la pureté du style de Bramante, présentent moins de maigreur, et rappellent en outre, en plus d'un point, d'autres édifices bien connus à Rome pour être de Raphaël. Mais ce qui doit décider surtout à reconnaître ici le génie personnel du Sanzio, c'est la destination toute spéciale qu'il donna à ces *loges,* c'est la convenance particulière qu'elles présentent aux exigences des arabesques et des stucs qui encadrent les

---

1. Cette cour tire son nom d'une fontaine d'eau très-pure, que le pape saint Damase réunit dans un aqueduc et amena au Vatican. Cette eau vient de sources situées à plusieurs milles de la ville.

tableaux de la Bible. Les artistes de la renaissance, réunissant les triples facultés de l'architecte, du sculpteur et du peintre, eurent la fortune singulière de laisser des monuments complets, construits et décorés par une pensée identique, où aucun des trois arts ne cherchait à prendre le pas sur l'autre, et dans lesquels la peinture et la sculpture étaient en parfait accord avec l'architecture. Que n'aurait pas été la beauté d'une basilique comme Saint-Pierre de Rome, si elle avait pu sortir complète d'un génie tel que celui de Raphaël[1] ou de Michel-Ange ! C'est cette harmonie absolue qui frappe surtout dans les *loges* du Vatican, où tout concourt à l'effet général, où l'architecture est admirablement ordonnée pour favoriser les projets du peintre, où les peintures sont les plus propres du monde à mettre en relief les prévoyances exquises de l'architecte.

C'est dans les treize petites voûtes composant le second étage des *loges*, que Raphaël a placé la suite des cinquante-deux tableaux connus sous le nom de *Bible de Raphaël*, et qu'il a réalisé, au milieu des enchantements infinis de l'arabesque, une des œuvres les plus complètes qu'ait jamais conçues le génie humain[2].

1. Malheureusement, on n'a même pas sauvé le modèle en relief que Raphaël avait fait pour cette basilique. Serlio, dans son *Traité d'architecture*, n'en a conservé que le plan, et ce plan seul suffit pour montrer combien le projet de Raphaël était supérieur aux projets qui suivirent.

2. La *loge* du premier étage fut peinte par Jean d'Udine, qui y a figuré de charmants bosquets, où les fleurs et les oiseaux rivali-

DE L'ARABESQUE

Au moment où Raphaël élevait les *loges* au Vatican, les fouilles se poursuivaient avec activité dans Rome, et chaque jour un fragment nouveau de l'art des anciens venait répandre une lueur nouvelle sur l'art de la renaissance. Déjà Morte da Feltro avait retrouvé dans les tombeaux et dans quelques autres monuments un genre spécial d'ornementation, d'une grâce légère et fantasque, qu'il avait tenté de reproduire [1]. Mais pour naturaliser dans l'art moderne ces rêves brillants d'un monde éteint, il fallait plus qu'un homme de talent, il fallait un génie fécond, souple et original. qui, en s'assimilant cette partie du goût antique, le transformât suivant les exigences d'un goût nouveau. Raphaël fut cet homme. Un rayon de soleil venait d'éclairer, dans les profondeurs des thermes de Titus. des décorations plus riches et mieux conservées que celles qui avaient été vues jusqu'alors. Ces peintures admirables, accompagnées de stucs plus admirables encore, parurent tout d'un coup et dans tout leur

saient de fraîcheur et de gaieté ; tandis que la *loge* du troisième étage a été décorée ultérieurement par le chevalier d'Arpin, Paul Bril, Tempesta et Nogari. (Grégoire XVI fit restaurer cette dernière loge par Agricola.)

1. L'antiquité n'ayant attaché aucun nom particulier à ces ornements, on leur donna d'abord le nom de *grottesques*, parce qu'ils étaient sortis des souterrains ou *grottes*, dans lesquels se faisaient

éclat ; l'oubli les avait sauvées de la destruction, et les ruines qui les recouvraient depuis des siècles, en les préservant du contact de l'air et de l'humidité, leur avaient conservé toute leur fraîcheur. Ce fut une véritable révélation pour Raphaël, qui s'appropria de suite l'esprit de ces ornements, et comprit tout le parti qu'il en pouvait tirer. On peut donc admettre qu'il conçut l'élévation des *loges*, en vue des peintures dont il voulait les orner ; car ces longs portiques, formés d'une suite d'arcades commandant autant de petites voûtes, et présentant des espaces nombreux et élancés sans de grandes proportions, semblent disposés exprès pour recevoir et mettre en relief toutes les nuances délicates, toute la légèreté et toute l'élégance des arabesques et des stucs.

Mais voyons sur quels principes repose l'arabesque. —L'esprit de l'homme est comme étouffé sous le poids de la réalité qui l'enveloppe et le presse de toute part ; sans cesse il cherche à sortir de ce cercle étroit, et à s'élancer dans les sphères imaginaires qu'il peuple d'êtres fantastiques variés à l'infini, bien qu'ayant toujours leurs racines dans notre propre nature. Telle

les fouilles. Puis on crut retrouver dans les monuments arabes la trace de ces fantaisies, et on leur donna le nom d'*arabesques* (*arabeschi* et par abréviation *rabeschi*). De sorte que ce nom semble faire honneur aux Arabes d'une invention qu'ils avaient eux-mêmes empruntée, comme on va le voir, aux monuments anciens du Bas-Empire. Mais tout impropre que soit ce mot, comme l'usage l'a consacré, nous l'emploierons pour désigner toutes les décorations de ce genre, tant dans l'antiquité, qu'à la renaissance et aux époques qui suivirent.

est la raison d'être et pour ainsi dire la nécessité des arabesques. Elles sont à la peinture ce que la fable est au roman. Créant des mondes nouveaux avec les éléments du monde réel, elles constituent une décoration indépendante et folle, que l'art peut admettre, mais que la raison ne commande pas, et qui puise ses matériaux dans tout : dans l'architecture, dont elle altère et dénature les proportions ; dans la nature vivante et morte, dont elle exagère, décompose et modifie les formes; dans les plantes et dans les fleurs, dans les feuillages et dans les fruits, qu'elle arrange en rinceaux, en festons et en enroulements de toutes sortes. C'est ainsi qu'en s'inspirant de ce qui est, l'arabesque est surtout ce qui n'est pas et ce qui ne saurait être. On conçoit, dès lors, qu'au milieu des éléments confus et hétérogènes où il lui est permis de puiser, il lui soit arrivé souvent de s'égarer, et que des esprits sérieux l'aient proscrite comme un danger. Il n'en demeure pas moins vrai qu'en conservant certains rapports, non-seulement avec notre goût, mais encore avec notre esprit, les arabesques satisfont à la tendance irrésistible qui nous pousse vers le merveilleux et nous porte vers les chimères que l'imagination seule peut concevoir.

C'est en Orient qu'il faut chercher l'idée première des arabesques. L'imagination des Orientaux, comme celle des enfants, tend invinciblement vers l'inconcevable; le soleil et la jeunesse évoquent mille brillants fantômes que les brouillards et la reflexion dissipent à l'instant ; et les arabesques, filles de l'illusion, devaient naître dans ce pays où la lumière enivre l'homme des plus délirantes chimères. Ce furent en effet les tapisseries des Perses[1], si riches de couleurs, si exubérantes de caprices et de bizarreries, qui introduisirent en Occident la mode de ces fantastiques décorations. C'est dans les rêves asiatiques que se trouvèrent d'abord ces accouplements bizarres et monstrueux de natures, de races, d'espèces et de sexes différents ; c'est là que les Grecs trouvèrent les quadrupèdes ailés, les sirènes, les griffons, les sphinx, les tritons, les satyres, les centaures, les hippogriffes, et tant d'autres êtres fabuleux qu'ils introduisirent dans leur architecture au milieu des feuillages, des festons et des rinceaux, qui en étaient les ornements classiques[2]. Puis la peinture, s'emparant de ces caprices, en disposa avec plus d'indépendance encore pour décorer, dans l'intérieur des édifices, les panneaux, les pilastres, et même les plafonds et les voûtes. Toutefois, les Grecs usèrent de l'arabesque avec une grande discrétion : la pureté de leur goût les préserva de l'exagération ; et les or-

1. Les Grecs nommaient ces tapis *zodia*, à cause des figures bizarres qui y étaient représentées.

2. Dans les monuments de la meilleure époque, tel que le temple d'Apollon Didyméen, près de Milet, la frise est ornée de plantes et de griffons, et les chapiteaux, ainsi que les pilastres, sont également ornés d'arabesques où figurent des plantes, des acanthes entrelacées avec un art infini, et du milieu desquelles sortent de charmants génies. (Millin.) — V. aussi la frise du temple d'Antonin et Faustine, et les beaux spécimens qu'on admire au musée de Saint-Jean de Latran.

nements de feuillages et de fleurs qui forment généralement les frises de leurs vases, prouvent suffisamment
qu'en eux l'idée de l'harmonie domina toujours le penchant vers l'extraordinaire.

Les Romains, qui n'avaient pas d'arts qui leur fus-
sent propres, et qui prirent souvent à l'état de décadence les arts des peuples conquis par eux, s'emparèrent
aussi de l'arabesque. Mais en la transformant pour
les exigences de leur luxe et de leur ostentation, ils
n'en usèrent ni avec la même réserve, ni avec le même
jugement que les Grecs, leurs maîtres en matière de
goût. Ce genre, où la richesse matérielle trouve si facilement à s'afficher, convenait d'ailleurs parfaitement
aux monuments insolents de l'empire, tels que les
thermes ou les palais des Césars. En outre, ces décorations où tous les éléments, toutes les idées et toutes
les licences de tous les peuples trouvaient à se confondre et à se mêler, avaient leur raison d'être dans la
politique romaine. Les conquérants du monde avaient
la puissance nécessaire et l'esprit assez peu scrupuleux
pour plier l'art aux exigences de leur ambition ; et de
même que Rome avait adopté tous les dieux et avait
cherché à les réconcilier en leur élevant des temples,
de même on peut penser qu'elle adopta l'arabesque
comme un essai de conciliation entre les extravagances
de toutes les nations.

Ce fut probablement dans le siècle d'Auguste que
l'arabesque s'introduisit chez les Romains, et c'est
d'Alexandrie surtout qu'ils semblent en avoir rapporté

le goût : car Vitruve, qui représentait alors les grandes
traditions, parle avec mépris de ces innovations, *auda-
cia Ægyptiorum in pictura*, et dit : « Je ne sais par
« quel caprice on ne suit plus cette règle que les an-
« ciens s'étaient prescrite, de prendre toujours pour
« modèles de leurs peintures les choses comme elles
« sont dans la vérité. Car on ne peint actuellement sur
« les murs que des monstres extravagants, au lieu de
« choses véritables et régulières. On met pour colonnes
« des roseaux qui soutiennent un entortillement de
« tiges, de plantes cannelées avec leurs feuillages re-
« fendus et tournés en manière de volutes. On fait
« porter de petits temples à des candélabres d'où,
« comme s'il avaient des racines, on fait élever des
« rinceaux sur lesquels sont assises des figures. En
« d'autres endroits, on voit d'une fleur sortir des
« demi-figures, les unes avec des visages d'hommes,
« les autres avec des têtes d'animaux, toutes choses
« qui ne sont pas, ne peuvent être et n'ont point été.
« Telle est la force de la mode que, soit indolence, soit
« faute de jugement, on semble fermer les yeux aux
« vrais principes des arts. Car, comment supposer que
« des roseaux soutiennent un toit, que des candélabres
« supportent un édifice, que de faibles branches por-
« tent des figures, et qu'il sorte de leurs tiges, de
« leurs racines ou de leurs fleurs, des moitiés de
« figures? Cependant personne ne reprend ces imper-
« tinences; on les aime au contraire, sans prendre
« garde si ces choses sont possibles ou non, tant les

« esprits sont peu capables de connaître ce qui mérite
« d'être approuvé et autorisé. Pour moi, je crois
« qu'on ne doit estimer la peinture qu'autant qu'elle
« représente la vérité; que ce n'est pas assez que les
« choses soient bien peintes, mais qu'il faut aussi que
« le dessin soit raisonnable, et qu'il n'y ait rien qui
« choque le bon sens [1]. » Pline l'Ancien s'éleva aussi,
à propos des arabesques, contre la décadence de
l'art, et reprocha durement aux Romains d'abandonner les belles traditions de la peinture pour le
faux clinquant de la richesse, et d'attacher plus de
prix à la matière qu'à la beauté, à la fantaisie qu'à
la science : « Hactenus dictum sit de dignitate artis
« morientis. »

En principe, Vitruve et Pline avaient raison dans
leurs rigueurs contre l'arabesque, s'il est possible
toutefois d'avoir *raison* dans une thèse où la *raison*
est pour ainsi dire hors de cause. Ces deux hommes,
au jugement sévère, savaient qu'à Rome on aimait
moins les arts que l'ostentation, et ils avaient de justes
motifs de craindre que les arabesques, en détournant
le goût public de la simplicité où réside la vraie
beauté, n'achevassent de l'égarer, en l'inclinant davantage encore vers le besoin de paraître et vers le luxe.
Mais en voulant soumettre à des règles précises ce
qui, dans le domaine de l'art, appartient à la fantaisie,
ils oublièrent que l'homme n'est pas composé que de

1. Vitruve, traduction de Perrault.

raison, et qu'il faut compter aussi avec son imagination. Ainsi l'arabesque, employée avec discernement et dans certaines conditions, peut convenir là même où la peinture sagement ordonnée ne conviendrait pas; et il faut reconnaître qu'à Rome, lorsqu'elle tomba entre des mains habiles, elle prit une direction heureuse et laissa des monuments dignes d'admiration.

L'arabesque triompha donc des invectives lancées contre elle, et se soutint avec une supériorité relative, jusque dans les monuments du Bas-Empire. Puis, dans le naufrage des derniers vestiges de l'antique civilisation, les Orientaux la recueillirent comme leur propriété, et l'Afrique la reprit à Byzance où elle s'était réfugiée. Les Arabes, trouvant alors dans ces caprices infinis ce que la loi de Mahomet leur permettait de transporter dans leurs monuments, y firent une moisson abondante d'animaux, de plantes. de feuillages et de fleurs, qu'ils fixèrent dans leur architecture, et auxquels ils donnèrent leur nom. Enfin, l'art gothique s'empara des arabesques des Maures et les transporta, en les dénaturant, dans les mosaïques, dans les vitraux et dans les pavés de ses cathédrales. C'est là que la renaissance retrouva les dernières lueurs des brillantes fantaisies de l'antique Orient, et qu'en les voyant si pâles, si lourdes et si loin de l'idéal qu'elle rêvait, elle détourna la tête avec dédain.

C'est ainsi que l'arabesque, élégante et forte chez les anciens, se traîna péniblement à travers le moyen àge, qu'elle arriva mourante à l'aurore des temps modernes, et que ce fut encore l'antiquité retrouvée qui lui rendit la vie. Elle participa donc du grand mouvement de renaissance qui ranima tous les arts au commencement du XVIe siècle. Raphaël fut moins sévère que Vitruve et que Pline pour les décorations fantastiques qu'il vit dans les bains de Titus ; son imagination s'exalta au contact des chimères qui vinrent tout à coup se révéler à lui ; et cette exaltation produisit les *loges*, c'est-à-dire un des monuments les plus prodigieux de cette prodigieuse époque.

DISPOSITION GÉNÉRALE DE LA DÉCORATION DES LOGES DE RAPHAEL

Ce serait une entreprise folle que de tenter la description complète de tous les éléments qui concourent, en dehors des tableaux de la Bible, à la décoration des *loges* de Raphaël. Il serait impossible, en effet, de ne pas se perdre au milieu des détails infinis et insaisissables des arabesques et des stucs, qui, par leur nature même, par leur indépendance et leur mobilité, échappent à l'analyse. Mais ce qu'il importe de montrer, c'est qu'une idée d'ordre et de symétrie générale domine tout ce vaste ensemble, et que cette idée, en pliant la fantaisie à une sorte de discipline, lui a imprimé un caractère d'unité et d'harmonie qui la rend jusqu'à un certain point susceptible d'être discutée.

La symétrie est aux arts du dessin ce que le parallélisme est aux langues poétiques ; et de même que dans une strophe parfaitement belle, le rhythme et l'euphonie naissent d'un parallélisme continuel et varié, de même dans toutes les peintures et dans tous les monuments des grandes époques, la beauté ressort d'une symétrie que l'artiste a su modifier à l'infini. Je ne parle pas ici de cette symétrie géométrique et absolue, froide et monotone chez les maîtres primitifs, mais d'une symétrie indépendante et large, au moyen de laquelle les différentes parties d'un vaste ensemble se fortifient, s'élèvent et s'inspirent mutuellement. Cette symétrie gouverne les arts sans les contraindre, et elle est, surtout dans les œuvres compliquées, la véritable source de la beauté ; c'est elle qui produit la simplicité et la mesure, et qui montre une unité facile à saisir au milieu d'une infinie variété de détails ; c'est elle enfin qui, dans les *loges* de Raphaël, a combiné avec une science souverainement harmonieuse toutes les grâces et toutes les beautés de la forme.

Les *loges* du Vatican[1] sont formées à l'extérieur, c'est-à-dire du côté de la cour, par treize arcades qui, sans être gigantesques, sont de nobles dimensions. Les cintres de toutes ces arcades sont soutenus par des pieds-droits rectangulaires, dont les quatre faces

---

1. Il s'agit ici du second étage ; le premier étage affecte du reste une disposition identique ; quant au troisième, les pilastres, on a vu déjà, sont remplacés par des colonnes.

sont ornées de *pilastres flanqués* [1] : trois d'entre eux
font partie de l'intérieur de la *loge*, et sont recou-
verts d'arabesques et de stucs ; le quatrième donne sur
la cour et forme l'architecture extérieure du monument. Ces treize arcades se trouvent répétées parallèlement du côté du palais par autant d'arcades identiques engagées dans le mur, et encadrant la porte
d'entrée et les fenêtres qui donnent dans les appartements auxquels la *loge* sert de dégagement. Enfin,
perpendiculairement à ces deux premiers systèmes
d'arcades parallèles, d'autres arcades de mêmes dimensions séparent intérieurement la *loge* en treize
compartiments [2]. De cette manière, chaque travée se
trouve entourée d'un appareil d'architecture qui se répète symétriquement dans toute l'étendue de la galerie,
et chaque voûte est assise sur une base carrée soutenue par quatre arcades symétriques deux à deux et de
mêmes dimensions ; la première ouverte sur la cour,
la seconde simulée du côté du palais, et les deux dernières, perpendiculaires aux précédentes, ouvertes
dans l'axe de la *loge*.

Chaque voûte est divisée en arcs-doubleaux, et
porte à sa clef un caisson richement encadré, dans
lequel un ange en stuc, d'un beau style, porte l'anneau

1. On appelle *pilastre flanqué* un pilastre en saillie sur deux
demi-pilastres.

2. Ce nombre *treize*, à Rome, n'est pas indifférent, et Raphaël
l'a sans doute adopté en mémoire de Jésus-Christ et des douze
apôtres.

de saint Pierre avec les palmes de Léon X [1]. C'est au milieu de toutes les retombées des voûtes, dans l'axe même de chacune des arcades, que sont placés les cinquante-deux tableaux de la Bible, groupés quatre par quatre, et pour ainsi dire chapitre par chapitre, dans chacune de ces treize voûtes [2].

Dans toute la *loge*, les cintres des arcades sont ornés de caissons disposés de la même manière ; les mêmes arabesques se répètent sur des panneaux symétriques, tandis que les stucs sont placés dans des cadres identiques de forme et de position [3]. Du côté du palais, des masses de guirlandes et de festons, composés de fleurs et de fruits, sont jetées sur des fonds bleus [4] qui rem-

1. Dans la voûte du milieu (7ᵉ voûte), l'ange est remplacé par les six pilules des Médicis.

2. Chaque tableau a environ deux mètres sur un mètre quarante centimètres, et les figures ont de soixante-dix à quatre-vingts centimètres.

3. Les gravures de Volpato, connues sous le nom d'*Arabesques de Raphaël*, représentent la décoration des pilastres engagés dans le mur du palais. décoration qui se répète sur les pilastres adossés à la face intérieure des piliers qui supportent les arcades ouvertes sur la cour. — Les planches connues sous le nom de *Stucs de Raphaël* rappellent, mais avec de nombreuses inexactitudes, la décoration des deux autres faces de ces mêmes piliers, ainsi qu'un grand nombre de stucs pris çà et là dans les *loges*. Les six dernières planches de cette collection représentent des arabesques appartenant aux bordures des tapisseries du Vatican. — Pietro Santi Bartoli a également gravé un grand nombre de bas-reliefs en stuc tirés des *loges*.

4. Ces fonds, si riches en *outremer*, ont défrayé la palette de bien des artistes qui, depuis le xviᵉ siècle, sont venus travailler dans les loges.

plissent les espaces réguliers, compris entre les fenêtres [1] et les arcades engagées dans le mur. C'est dans
les soubassements de ces fenêtres, que Perino del Vaga
et Polydore de Caravage avaient peint les tableaux,
simulant des bas-reliefs en bronze, qui développaient
la pensée des fresques contenues dans les voûtes [2]. Au
sommet des pilastres, des moulures dorées, courant
sur des fonds de diverses couleurs, circulent, ou plutôt circulaient tout autour de la loge. Enfin un beau
balcon à hauteur d'appui protége les abords de la
cour, et la balustrade de ce balcon se trouve répétée
par une moulure identique qui s'étend dans tout le
pourtour intérieur de la galerie.

Cette simple indication suffit pour montrer qu'il ressort de la disposition générale adoptée par Raphaël
une symétrie évidente dans l'architecture comme dans
l'ornementation de la *loge* Vaticane. Des rapports harmonieux lient entre elles toutes les parties. On saisit
facilement l'économie de cette vaste entreprise, et, loin
d'étonner par sa complication, elle charme dès l'abord
par sa simplicité, et fait naître des sensations multi-
pliées, qui se résument en un sentiment unique d'admiration.

1. Ces fenêtres, avec leurs frontons et leurs chambranles de
marbre, sont d'un charmant dessin. Il est impossible de trouver
des proportions plus justes, plus élégantes, et moins sèches dans
leur simplicité.

2. Ces grisailles sont maintenant complétement effacées. Mais
les gravures de Pietro Santi Bartoli les ont sauvées de l'oubli.

Quelle part revient à Raphaël dans les peintures qui remplissent les *loges?* Est-ce bien à lui qu'il faut vraiment rapporter l'honneur des cinquante-deux tableaux de la Bible? Est-ce lui qui a dessiné les arabesques et les stucs? Et comment le génie d'un homme a-t-il pu suffire à un aussi énorme labeur? Telles sont les questions qui se présentent d'abord à l'esprit, et sans hésiter il faut répondre : oui, c'est Raphaël *tout entier* qu'on doit admirer dans les loges, et aucune de ses œuvres n'est plus justement signée de son nom.

Je dis Raphaël *tout entier*, parce qu'il fut en effet plus qu'un grand artiste; il fut à lui seul toute une légion de grands artistes, et ce qu'on appelle l'école romaine se résume dans cette brillante et éphémère personnalité.

La radieuse figure du divin Sanzio m'apparaît dans l'histoire de l'art moderne comme un brillant météore : il paraît, et tout ce qui l'entoure est éclairé de ses feux; puis il s'évanouit tout à coup, et l'obscurité succède à la lumière.... Mais quoi! Jules Romain, François Penni, Perino del Vaga, Jean d'Udine, Polydore de Caravage, Pellegrino de Modène, Raffaelle del Colle, et tant d'autres qui probablement aussi travaillèrent aux loges, doivent-ils être comptés pour rien? Non sans doute, et telle n'est pas ma pensée. Quand je

parle de lumière et d'obscurité, en comparant Raphaël
à ses élèves, mon image est loin d'être absolue. elle est
au contraire toute relative. Notre œil, après avoir
longtemps fixé un pur rayon de soleil, n'est que fai-
blement affecté par toute autre clarté, quelque brillante qu'elle soit d'ailleurs : il en est de même quand,
après avoir considéré les œuvres de Raphaël et de
son école travaillant sous le feu de sa souveraine intelligence. on regarde ensuite ce que produisirent ses
élèves les plus distingués dès qu'ils furent livrés à eux-
mêmes. On peut donc dire que c'est de leur maître
qu'ils tirent leur valeur principale ; que c'est l'influence
mystérieuse de ce génie puissant qui les a élevés au-
dessus d'eux-mêmes, et qu'ils paraissent avec honneur surtout à côté de Raphaël, parce qu'ils complètent et commentent ce grand nom qui les résume
tous et les couvre de sa gloire.

Il est impossible de rêver un monument plus complet
que les *loges*, pour représenter les facultés multiples
d'une grande école, et pour donner une idée plus large
des principes qui la dirigèrent. Nulle œuvre humaine
n'est plus identique dans toutes ses parties, nulle ne
possède une unité plus puissante. nulle ne démontre
avec autant d'évidence l'action d'un esprit supérieur.
Raphaël a imposé son génie, c'est-à-dire l'ensemble de
ses doctrines, à un certain nombre d'hommes de talent ;
et ce génie, ces doctrines. grâce à leur nature sympathi-
que, ont réuni et comme absorbé les aptitudes les plus
opposées et les caractères les plus différents. L'originalité

de l'école romaine réside précisément dans cette fu-
sion d'un grand nombre d'artistes en un seul. Telle
est la vérité écrite à chaque pas dans les *loges*. C'est
Raphaël qu'il faut nommer sans cesse en parcourant
cette longue série de chefs-d'œuvre. Que ce soit lui
qui ait conçu et dessiné les fresques de la Bible, de
même que l'ensemble des arabesques et des stucs, personne n'en a jamais douté. Mais on peut dire encore
que c'est lui qui a exécuté ces peintures. Non qu'on
n'y reconnaisse en beaucoup d'endroits la main de ses
élèves ; mais on y sent toujours aussi la forte main du
maître, qui n'a cessé de guider, de soutenir et d'encourager les efforts de ses disciples. Qu'on regarde
avec attention chacun des tableaux que nous allons étudier, et l'on saisira partout la pensée de Raphaël, qui éclate par un trait rapide et lumineux à
travers l'effort et l'indécision de l'élève ; on verra qu'un
pinceau hardi et sûr de l'effet qu'il veut produire est
venu se poser sur toutes ces fresques, et ajouter au
travail timide et consciencieux d'un artiste de talent
quelques touches qui sont là comme des traits de génie,
pour donner à chaque figure l'ampleur et le caractère
qui nous la font admirer.

C'est donc avec raison qu'on a placé le buste du
Sanzio à la tête de cette admirable galerie. Les *loges*
représentent Raphaël, non-seulement en lui-même,
mais dans son école. Ses élèves sont là comme autant
de miroirs où se reflète son génie. L'unité qui règne
dans la conception, et même dans l'exécution, dé-

montre qu'un seul nom doit dominer ici tous les autres. C'est Raphaël qu'il faut nommer en regardant cette histoire de la Bible et les arabesques qui l'entourent, parce qu'aucun autre n'a pu jamais penser ni réaliser de si grandes beautés. Lui mort, aucun de ses disciples n'aura la puissance nécessaire pour produire de telles œuvres. On ne saurait même faire une exception en faveur de Jules Romain et de Perino del Vega ; car que sont les fresques de Mantoue et de Gênes, auprès des travaux exécutés à Rome par ces artistes sous l'inspiration de leur maître?

DES CONDITIONS ESSENTIELLES DE LA PEINTURE A FRESQUE, ET DE LA MANIÈRE DE VOIR LES FRESQUES ANCIENNES

La plus grande partie des voyageurs qui vont au Vatican payer à Raphaël leur tribut d'admiration, passent dans les loges avec indifférence : les uns, auxquels on a dit que ces fresques n'étaient pas de la main du Sanzio, ne se donnent pas même la peine de regarder ; les autres, et c'est le plus grand nombre, sont rebutés dès l'abord par l'état de dégradation où se trouvent ces peintures. Nous venons de mettre les premiers en garde contre l'erreur qui les égarait. Essayons maintenant d'encourager les autres en leur disant que, sous ces ruines apparentes ils trouveront de sublimes beautés ; que si les arabesques sont tellement mutilées qu'un grand nombre d'entre elles est méconnaissable

presque tous les tableaux des voûtes sont encore assez
bien conservés pour qu'on puisse les juger ; et qu'il y
a pour l'observateur intelligent qui regarde une fresque
ancienne dégradée par le temps, un travail de restitution du plus haut intérêt. Mais pour rendre à une
peinture ce qui lui manque, il faut savoir d'abord ce
qu'elle a été, quels sont les procédés que l'artiste a
mis en œuvre, et pourquoi ces procédés l'ont souvent
trahi. Quelques mots sur la peinture à fresque et sur
les causes principales qui la peuvent détruire, ne seront donc pas déplacés dans cette étude.

La peinture à *fresque* est celle qu'on exécute avec
des couleurs à l'eau, sur un mur revêtu d'un enduit
frais. — Le mur peut être de briques ou de pierres,
ou même de marbre. Mais quel qu'il soit, il doit être
parfaitement sain, c'est-à-dire exempt de matériaux
salpêtrés, qui produiraient bientôt des efflorescences,
repousseraient l'enduit et altéreraient la fresque.
C'est ce qui est malheureusement arrivé pour certaines
parties des *loges*.

L'enduit (*intonaco*) se compose de chaux et de
pouzzolane, ou de chaux et de sable de rivière ou de
plaine, bien fin, lavé, tamisé et pur de toute matière
étrangère. On forme ainsi un mortier qu'on laisse reposer pendant quelques jours, et dont on applique une
couche de quelques millimètres sur le mur [1]. — Une

1. En ajoutant à cet enduit un peu de crottin de cheval, on aug-
mente sa porosité et son homogénéité. — Quelquefois aussi les
artistes de la renaissance mettaient dans les jointures de la pierre

bonne pratique consiste à mettre préalablement un crépi sur la muraille. Ce crépi est un mortier également composé de chaux et de sable, ou de chaux et de pouzzolane ; seulement on choisit des matériaux un peu grossiers, afin d'obtenir des rugosités auxquelles puisse adhérer l'*intonaco* [1]. — Mais que l'*intonaco* soit appliqué directement sur le mur, ou qu'il repose sur un crépi, il est indispensable de bien l'aplanir et de le rendre parfaitement lisse. Ce sont là les conditions premières sans lesquelles une peinture à *fresque* ne saurait être ni belle ni solide.

Le mur ainsi préparé et humide, on y applique le carton préalablement piqué [2], et l'on passe dessus du

ou de la brique dont était construit le mur, des clous d'os de chevreau ; ils formaient ainsi une sorte de châssis, dans lequel ils plaçaient l'enduit qui adhérait alors plus fortement au mur. Plus tard, au lieu d'os de chevreau on se servit de crampons de fer, et on en obtint les plus détestables résultats ; car le fer en s'oxydant, loin de consolider la *fresque*, hâtait sa destruction.

1. Les peintres du commencement de la renaissance étudiaient d'abord le dessin de leurs fresques sur ces crépis, et ils avaient tort. Car pour pouvoir dessiner sur ces crépis, ils étaient obligés de les aplanir, et quand ensuite ils appliquaient dessus leur *intonaco*, cet *intonaco* ne trouvait pas de rugosités suffisantes pour adhérer fortement au mur : aussi dans beaucoup de ces fresques, l'*intonaco* est-il tombé, entraînant avec lui la peinture, et laissant à nu le crépi sur lequel on peut suivre les études primitives de l'artiste. C'est ce qui est arrivé dans la plupart des fresques de Benozzo Gozzoli au Campo Santo de Pise.

2. Le carton est un dessin de la grandeur même de la *fresque*, et parfaitement arrêté dans toutes ses parties. On place derrière ce carton un papier de même grandeur, et l'on pique avec une épingle tous les contours du dessin. On obtient ainsi un double carton : on garde l'un comme modèle ; l'autre sert pour *poncer* sur le mur.

charbon ou de la *sinopia* [1], qui fixent le dessin par une infinité de points très-rapprochés. Puis, pour plus de précautions, on prend une pointe avec laquelle on suit tous les contours du dessin qui vient d'être indiqué par le poncis. On a ainsi un trait définitif, gravé en creux sur l'*intonaco*, et c'est ce trait indélébile qu'on appelle le *clou de la fresque*. Dès lors tout est prêt pour que le maître se mette à l'œuvre : son dessin est fixé sur l'enduit encore humide, et il commence à peindre par le haut, afin qu'en mouillant le lendemain la partie du mur destinée à recevoir l'*intonaco* sur lequel il devra peindre pendant la seconde journée, l'eau ne coule pas sur la peinture déjà faite.

Les seules couleurs convenables pour peindre à *fresque* sont évidemment celles que la chaux n'altère pas. Il est inutile de dire que du choix et de la préparation de ces couleurs, dépend en grande partie le succès de cette peinture [2].

---

1. C'est un rouge de peroxyde de fer.

2. Les couleurs principales sont : le blanc, le jaune, le rouge, le bleu, le vert et le noir. — Le *blanc de saint Jean* (mélange de chaux éteinte bien blanche et bien pulvérisée avec de l'eau) est une des couleurs fondamentales, et son emploi judicieux est pour beaucoup dams la réussite des peintures à *fresque*. Au contraire les blancs de plomb sont mauvais et noircissent promptement au contact des émanations sulfureuses. — Les jaunes formés d'ocres terreuses sont d'excellentes couleurs pour la fresque; il en est de même du *giallorino*; tandis que l'orpin, le *risagallo*, le safran et la gomme-gutte sont d'un emploi impossible. — Les rouges formés d'oxydes de fer, employés seuls (*sinopia*) ou mélangés avec la chaux (*cinabrese*), sont d'un excellent emploi. Le danger de ces couleurs est peut-être de se suroxyder et de noircir sous l'influence de l'air

La condition essentielle de la peinture à *fresque* est d'être exécutée pendant que l'enduit est frais. Les couleurs prennent alors sur l'*intonaco*, tandis que le carbonate de chaux s'empare des molécules colorantes, les enveloppe, forme à leur surface une véritable cristallisation, et comme un vernis parfaitement translucide et sans épaisseur sensible, qui protége la *fresque* contre toutes les causes extérieures de destruction [1]. La peinture faite ainsi, sur un enduit convenablement préparé et parfaitement adhérent à un mur bien sain, est la plus solide et la plus belle qu'on puisse rêver; elle est pour ainsi dire inaltérable, et résiste aux intempéries de l'air, comme à l'influence de l'humidité.

et de l'humidité. Le rouge sanguine convenablement préparé convient également pour la fresque, tandis que le cinabre et le minium doivent être rejetés. — Parmi les bleus, l'outremer est le plus beau; son seul défaut est d'être trop cher. Après cette couleur, c'est l'*azur d'Allemagne* (mélange d'oxyde de cobalt vitreux, de potasse, d'acide silicique et d'acide arsénieux) qu'il faut choisir. — Les meilleurs verts proviennent du mélange des meilleurs bleus et des meilleurs jaunes indiqués ci-dessus. La *terre-verte* est très-utile dans la pratique de la fresque; elle en est même un des éléments essentiels, et entre partout comme demi-teinte. — Quant aux noirs, ceux qui réussissent le mieux sont la *terre d'ombre* et les noirs provenant de la carbonisation des sarments de vigne ou de noyaux de pêche. — Toutes ces couleurs doivent contenir de la chaux, et être à l'emploi délayées dans de l'eau de chaux.

1. Un tour de main, qu'on emploie souvent avec succès, consiste à passer sur la fresque encore humide un coup rapide de truelle. On exerce ainsi une pression au moyen de laquelle la couleur pénètre davantage encore dans l'enduit, devient plus adhérente, plus homogène, acquiert plus d'éclat et de solidité. Les peintres du XVe siècle, qui furent les maîtres par excellence dans la grande peinture, usèrent souvent de ce moyen.

C'est là surtout qu'on reconnaît la verve du peintre.
la facilité, l'entrain (*endamento*) avec lequel il a fixé
sa pensée sur le mur ; car la *fresque* ne pardonne pas
d'hésitations. et exige une main sûre au service d'un
esprit exact et solide. L'artiste n'a donc qu'un temps
donné pour exécuter son œuvre. Passé ce temps, l'enduit perd son aptitude à fixer et à protéger la couleur.
et la peinture faite ensuite n'a plus aucune des qualités essentielles de la *fresque*. c'est une simple détrempe instable et éphémère. sans résistance. et que
l'humidité détruira facilement.

Cependant si le peintre n'a pas eu le temps d'achever sa tâche *à frais* (sur l'enduit encore imprégné
d'humidité), plutôt que de continuer et de compro-
mettre la solidité de son œuvre, il doit l'achever *à sec*.
en usant d'une *tempera* [1]. On mélange avec ces *tempere*
les couleurs non additionnées de chaux, et l'on peint
sur le mur *sec*. On peut ainsi reprendre la peinture
commencée *à frais* sur le mur, et l'achever, soit par
des hachures, soit par des teintes plates ; et les couleurs posées de cette manière, sans avoir les qualités de la *fresque*, offrent cependant une solidité convenable [2].

---

1. La *tempera* consiste ordinairement en un mélange d'œufs.
de vinaigre et d'eau. Vasari conseille, pour peindre à sec, de sub-
stituer la colle chaude à l'œuf. Cennino Cennini préfère à toutes les
autres *tempere*, celles que l'on fait avec l'œuf.

2. Bien que Vasari déclare *viles* les retouches à *tempera*, on
peut se convaincre, en examinant de près les fresques des plus
grands maîtres, que tous. même les plus fougueux et les plus

Il est facile de voir maintenant quelles sont les précautions dont l'artiste doit s'entourer pour peindre à *fresque*, quels doivent être son habileté, son coup d'œil, sa promptitude et son expérience, et que, s'il peut ainsi produire une œuvre admirable, les causes d'erreur qui l'entourent sont nombreuses. Souvent le temps lui manque, et son enduit, qui devait conserver pendant un certain nombre d'heures les conditions nécessaires à la *fresque*, s'est altéré plus promptement, soit qu'il ait été mal préparé, soit qu'une cause climatérique quelconque, telle qu'un excès de chaleur ou un coup de vent, soit intervenue. C'est ainsi que la confiance du peintre se trouve trompée, et que, quelquefois même sans le savoir, au lieu de *fresque*, il peut ne faire que de la détrempe. D'autres fois, au contraire, l'enduit pèche par excès d'humidité, et alors il boit la couleur, la noie, ou se fend bientôt et altère le tableau. Ailleurs c'est le mur qui trahit la *fresque*, ce sont des efflorescences salpêtrées qui se produisent, re-

déterminés, ont eu recours à ce dernier travail exécuté à sec à l'aide des *tempere*. — On peut même, à l'aide de *tempera*, peindre complétement un tableau *à sec*, en ayant soin de passer préalablement sur le mur une couche de cette *tempera*.

Toute couleur servant *à frais* peut également servir *à sec*. Mais la réciproque n'est pas vraie, et toute couleur servant *à sec* ne peut pas toujours servir *à frais*. Ainsi l'orpin, le cinabre, le bleu d'Allemagne, le minium, le blanc de plomb, les oxydes de cuivre et les laques, sont des couleurs bonnes à détrempe et mauvaises *à frais*. L'usage de la *tempera* permet donc au peintre d'enrichir sa palette, et lui offre de grandes facilités pour achever son œuvre et lui donner tout le relief qu'il désir

poussent l'*intonaco* et détruisent la peinture. Enfin il peut se faire que le travail fait à *tempera* entraîne également des altérations : si les *tempere* ont été ajoutées en excès, les couleurs s'écaillent, se fendent et se détachent du mur ; et si les *tempere* ne sont pas en quantité suffisante, les couleurs n'ont ni résistance, ni solidité, car la *tempera* est à la peinture *à sec* ce que la *chaux* est à la peinture à *fresque*.

Telles sont les qualités essentielles de la peinture à *fresque*, tels sont aussi ses principaux dangers. Les anciens ont connu tous les procédés de cette peinture, et les ont portés au plus haut point de perfection. Il suffit, pour s'en convaincre, de lire Vitruve[1] et Pline[2], et de considérer les fresques de Pompéi, dont les couleurs, si vives encore et si fraîches, semblent défier le temps et toutes les causes de destruction[3]. Quant à la peinture *à tempera*, elle doit son invention à un peintre romain du nom de Ludius, qui vivait au temps d'Auguste[4]. Ces procédés traversèrent ensuite les temps barbares du moyen âge ; mais tombés entre des mains inhabiles, ils ne produisirent rien de beau. Repris enfin par les premiers maîtres de la renaissance, ils

1. Vitruve. Liv. VII. ch. III.

2. Pline. Liv. XXXV, ch. VII.

3. Il est facile de suivre dans ces monuments le *clou de la fresque*, c'est-à-dire le trait du dessin imprimé en creux dans le mur, et de se convaincre par conséquent que ces peintures ont été faites *à frais* ; car l'enduit qu'elles recouvrent étant composé de chaux et de sable, pour que ce trait ait marqué en creux, il a dû être fait sur l'enduit encore humide.

4. Pline, Liv. XXXV, ch. x.

donnèrent des monuments dont l'éclat n'a jamais été surpassé. Personne ne peignit mieux à *fresque* que Giotto et les artistes qui suivirent ; et Cennino Cennini, qui sortit de cette école, a fixé les règles de cette peinture dans un livre où la ferveur du chrétien ajoute à l'autorité de l'artiste [1].

Quant aux *loges* de Raphaël, si l'idée des peintures qui les remplissent est incomparable, les procédés matériels mis en œuvre se sont trouvés en plusieurs endroits défectueux, et il était difficile qu'il en fût autrement. Qu'on songe en effet à l'immensité de cette entreprise : si l'on comprend qu'un esprit aussi vaste, aussi fécond que celui du Sanzio ait pu la concevoir ou plutôt l'improviser jusque dans ses moindres détails, on comprend de même comment, pour l'exécuter dans un court espace de temps, le maître a dû faire appel à toutes les ressources de son école. Or, dans cette école, tous n'avaient pas le même talent, la même expérience, et les parties confiées aux moins habiles devaient nécessairement s'en ressentir. Les quelques indications qui viennent d'être données sur les procédés de la fresque, suffisent pour montrer combien les éléments d'erreur se peuvent multiplier. Cette peinture, admirable instrument au service des maîtres, devient un moyen détestable entre des mains inexpérimentées : elle est la plus durable de toutes ou la plus éphémère ; exécutée dans de bonnes conditions,

---

1. V. Cennino Cennini, récemment traduit par M. Mottez.

elle résiste à l'air, aux lavages, aux lessives, à tout enfin, et elle ne peut périr que de mort violente; tandis que mal conduite, un coup de vent mêlé de pluie suffit pour la détruire.

Les *loges*, à l'état où elles sont aujourd'hui, sont un vaste champ ouvert à l'observateur qui veut étudier les procédés matériels de la *fresque*. Ces peintures, exposées depuis plus de trois siècles à toutes les rigueurs du temps et à toutes les injures des hommes, montrent à nu tous leurs défauts et toutes leurs beautés. Celles qui ont été exécutées en temps convenable, sur un enduit ni trop frais ni trop sec, ont survécu; tandis que les autres sont depuis longtemps altérées ou détruites. Toutes celles par exemple qui furent peintes sur les parois voisines de la cour ont beaucoup souffert; des efflorescences salpêtrées ont soulevé les enduits, taché les peintures, et même en certains endroits les ont complétement détruites. Cependant telle est la prodigieuse solidité de la *fresque*, que les tableaux qui satisfaisaient à toutes les conditions exigées ont résisté, même de ce côté. On peut s'en convaincre en regardant, dans la cinquième voûte, le tableau d'*Isaac et Rébecca chez Abimélech*. Ne pourrait-on pas dire aussi que l'exécution des fresques ainsi placées présentait une difficulté particulière, à cause du jour qui venait donner directement dans l'œil du peintre sans éclairer le champ de sa peinture, et que sans doute il est résulté parfois de cette position gênante, un ralentissement dans le travail de la *fresque*, et par conséquent un moins bon résultat.

Mais ce sont les arabesques qui ont le plus souffert ; sans doute parce qu'elles ont été davantage à la portée de la main des barbares, davantage aussi exposées à l'humidité, et puis encore parce que Raphaël y employa probablement les moins habiles de ses élèves [1]. C'est là surtout qu'il est facile de signaler de grandes inégalités dans le maniement du pinceau. Ainsi certain vase est un chef-d'œuvre et accuse certainement la main d'un maître : sa couleur et son relief, restés intacts, ont résisté à tout ; tandis qu'à côté, sur le pilier correspondant, ce même vase se trouve répété, mais par une main débile qui n'a fait qu'une copie pâle et depuis longtemps décolorée. Il en est de même des guirlandes de fleurs et de fruits qui encadrent sur un fond bleu les fenêtres du palais.

1. Les pieds-droits soutenant les arcades ainsi que les piles du palais qui leur correspondent sont en travertin, tandis que le reste de la maçonnerie est formé de couches alternatives et d'égale épaisseur de briques minces et de pouzzolane. (Ce genre de construction est très-solide et fort en usage à Rome.) Les arabesques, qui décorent les pilastres et toutes les parties en travertin, sont peintes sur un simple *intonaco* de quelques millimètres d'épaisseur, formé de chaux et de poussière de marbre. Cet enduit, qui possède la blancheur et le poli du marbre, a formé directement un fond magnifique sur lequel les détails légers des arabesques se détachent avec toute leur valeur. Quant aux autres parties de la *loge*, formées de briques et de pouzzolane, elles sont peintes sur un *intonaco* composé de pouzzolane et de chaux, adhérant sur un *crépi* formé de la même manière, mais avec des matières plus grossières. C'est ainsi que sont préparées les voûtes sur lesquelles sont peints les cinquante-deux tableaux de la Bible.

Certaines parties, celles probablement que peignit Jean d'Udine, sont des chefs-d'œuvre : les fruits, malgré leur âge trois fois séculaire, s'y montrent encore dans leur provocante maturité, les fleurs s'y épanouissent fraîches et parfumées, nous souriant comme au premier jour sous leurs plus charmantes couleurs ; tandis qu'à côté d'autres fruits et d'autres fleurs sont depuis longtemps corrompus et flétris.

On peut se convaincre aussi, par l'examen des *loges*, qu'une des causes de la destruction des fresques consiste dans la superposition des tons, lorsque les couleurs ne sont pas employées en temps convenable. Souvent, en effet, sur une couleur qui a pris à *bon-fresque*, une autre vient ensuite qui, arrivant trop tard, n'est plus prise par l'enduit dépourvu d'humidité, et cette dernière couleur, n'ayant aucune résistance, entraîne dans sa destruction la couleur primitive. C'est ce qui est arrivé souvent à Raphaël, qui en usait ainsi surtout pour les draperies, et qui obtenait par ce moyen des effets de transparence qui plaisaient à son goût exquis. Mais il eut le malheur de ne pas prévoir que ces touches délicates, ne pouvant plus être fixées sur l'enduit frais, n'auraient aucune solidité ; de sorte qu'en maints endroits de ses fresques, ce qui reste aujourd'hui n'est plus que l'ombre d'une lumière ; l'harmonie est détruite, la vie s'est envolée, et au lieu d'un corps diaphane flottant avec aisance et ajoutant à la grâce et à la légèreté des figures, on n'a plus qu'une matière inerte et pesante qui les écrase. Regardons dans les fresques de la première voûte les draperies rouges qui enveloppent le Créateur : voyant ce qu'elles sont, restituons-leur par la pensée les tons légers que le temps leur a enlevés, et nous comprendrons alors ce qu'elles devaient être.

On doit donc voir ces *fresques*, non-seulement avec les yeux, mais surtout avec l'intelligence, afin de leur rendre ce qu'elles ont eu et ce qu'elles n'ont malheureusement plus. En considérant ainsi les *loges*, on lira, comme dans un livre, la manière dont elles ont été peintes : on verra ce qui a réussi *à frais*, ce qui a disparu et n'était que de la détrempe ; on suivra la superposition des couleurs, et les retouches à *tempera ;* on remarquera que les parties empâtées, celles où la chaux se trouve en excès, ont le mieux tenu et sont demeurées les plus belles ; enfin on comprendra comment le temps a exagéré la valeur de certains tons, tandis qu'il a atténué, modifié ou détruit certains autres[1]. Il faut le dire, il arriva quelquefois à Raphaël,

1. Les rouges, qui sont des oxydes de fer, se sont probablement suroxydes au contact de l'air et de l'humidité et ont pris une teinte plus foncée. Les violets, qui sont des sulfures de fer, sont devenus noirs. Ces couleurs ont pris d'ailleurs des nuances différentes, suivant qu'elles ont été plus ou moins lavées et plus ou moins cuites. Jules Romain a exagéré l'emploi de ces matières dans les chairs de ses figures, et il a produit des tons rouges briquetés d'un effet très-désagréable. Raphaël, au contraire, a su se garantir de ce danger ; il a modelé ses têtes avec des ocres et surtout avec la *terre d'ombre*, et ses chairs ont conservé leur couleur blonde et transparente. Les verts ont bien tenu ; ce sont des couleurs de chrome, qui n'ont subi

trop pressé de produire, emporté d'ailleurs par son brillant génie et préoccupé surtout de réaliser une œuvre qui répondît à son idéal, de ne pas satisfaire à toutes les conditions matérielles de la *fresque*, et de sacrifier la solidité de sa peinture à l'effet immédiat qu'il voulait produire. Il en fut de même d'Apelle, et ces deux génies, que tant de nobles qualités rapprochent à travers les dix-neuf siècles qui les séparent, ont eu malheureusement ce trait d'analogie.

Dans les *loges* du Vatican, l'attention doit se porter surtout vers les cinquante-deux fresques tirées de l'Écriture, et disposées quatre par quatre dans chacune des travées, formant ainsi comme autant de chapitres séparés, qui marquent les étapes principales que le peuple juif a traversées depuis la création du monde jusqu'à la Rédemption. Nous étudierons avec soin chacun de ces tableaux dans l'ordre où Raphaël les a placés, et cette étude trouvera sa division naturelle dans la division même de la *loge*. Nous considérerons successivement chacune des treize voûtes, cherchant

aucune altération. Quant aux bleus de cobalt et d'outremer, ils sont excellents pour la *fresque* quand on les emploie convenablement, c'est-à-dire quand on les applique sur l'*intonaco* au moment où le mortier commence à tirer. S'il est souvent arrivé que ces couleurs n'aient pas résisté, c'est à cause de l'usage défectueux qu'on en a fait. Ainsi Raphaël posait quelquefois ses bleus sur des fonds de diverses couleurs, surtout sur des fonds rouges de *sinopia* ; il obtenait par ce moyen des tons moins crus, plus transparents et plus légers. Mais, ainsi employée sur d'autres couleurs, la couleur définitive arrivait souvent trop tard pour prendre à *bon-fresque*.

l'esprit général des peintures qu'elles renferment et les appréciant comme œuvre d'art. Chemin faisant, nous nous efforcerons d'indiquer par quelques traits rapides les caractères principaux des arabesques et des stucs [1] ; espérant ainsi pouvoir donner une idée suffisante de ces caprices infinis, mais sans fatiguer

1. Les *stucs*, que les anciens avaient élevés au plus haut point de perfection et dont Jean d'Udine retrouva le secret, sont formés d'un mélange de poudre de marbre tamisée avec de la chaux et gâchée avec de l'eau. On peut en faire des enduits, des revêtements de muraille, des ornements et des figures en relief. Ils s'attachent avec une grande solidité sur les maçonneries faites de couches alternatives de briques minces et de pouzzolane et de chaux, sur l'*opus incertum* et sur l'*opus reticulum*. Ils forment sur ces murs une surface qu'on peut parfaitement polir ou peindre, et sur laquelle on peut ensuite appliquer d'autres *stucs* modelés en bas-relief. Ce sont ces ouvrages que Vitruve désigne sous le nom d'*albarium opus* et d'*opus coronarium*. Les anciens composaient ainsi tous les menus détails de leur architecture, pour lesquels l'économie moderne emploie le plâtre et les pâtes de carton. Ce sont ces mêmes *stucs* qu'on va admirer dans les *loges*, en leur voyant toute la dureté, le poli, le relief et la vie de camées gigantesques.

Suivant l'usage qu'on voulait faire des *stucs*, on variait les proportions de chaux et de poussière de marbre. S'il s'agissait par exemple de réaliser des figures, on ajoutait une quantité d'eau suffisante pour former une pâte qui conservât sa mollesse et sa plasticité assez longtemps pour que le stucateur la pût modeler à l'aide de l'ébauchoir. Quand la même figure ou le même ornement devait être répété, on faisait un moule dans lequel on *poussait* le *stuc*. Dès que ces *stucs* avaient un peu durci, on les pouvait tailler comme de l'argile ; et lorsque enfin ils étaient complétement durs, on les polissait comme on aurait fait du marbre, et ils acquéraient une inaltérable solidité. Quelquefois on fit des *stucs* composés de poussière de marbre et de gypse ; ils étaient alors susceptibles d'un beau poli, mais l'humidité les altérait promptement.

Toute la perfection des *stucs* anciens se retrouva dans l'école de Raphaël. Un simple coup d'œil dans les *loges* suffit pour s'en con-

l'esprit par une trop longue énumération d'objets divers et sans liens, et en ne les considérant d'ailleurs
que comme de simples décorations, les plus belles, il
est vrai, qu'on ait vues jamais. Enfin cette analyse
nous permettra de concevoir une idée plus large de
l'ensemble de cette œuvre immense, et de lui assigner la place qu'elle mérite dans l'histoire de l'art et
malheureusement aussi dans l'histoire des ruines.

vaincre. Il est impossible de rêver une matière plus souple, plus
belle, et qui ait mieux résisté à toutes les causes de destruction.
C'est avec ces mêmes *stucs* que Jules Romain a exécuté sa fameuse
frise du palais de Mantoue.

LOGES DE RAPHAËL

AU VATICAN

LOGES DE RAPHAËL

AU VATICAN

PREMIÈRE VOUTE

CRÉATION DU MONDE

Les fresques de la première voûte célèbrent les merveilles de la création. Montrant l'origine du monde, non comme un châtiment, mais comme un bienfait, elles révèlent un Créateur aussi parfaitement bon que souverainement grand, et elles sont à la hauteur des idées fondamentales qu'elles représentent.

I

DIEU FAIT SORTIR LA LUMIÈRE DU CHAOS [1]

L'Éternel apparaît au milieu des profondeurs incommensurables du néant; le premier rayon de lumière

[1]. Gen., ch. 1, v. 4 à 5.

pénètre dans l'abîme du chaos, et l'on comprend que la création commence.

Dieu, les sourcils légèrement froncés et le visage inondé d'une vive clarté, repousse les nuages épais que sillonnent les éclairs : « Il s'est enveloppé dans la lu- « mière, son vêtement de chaque jour : *Amictus lumine* « *sicut vestimento*[1]. » La rondeur des méplats et la vigueur des membres démontrent dans cette figure un vieillard éternellement jeune, d'une grandeur terrible et d'une sublime beauté : « La force et l'effroi l'entourent, « il est juge souverain dans les hauteurs du ciel[2]. » Une tunique pourpre, insigne d'éternelle royauté, enveloppe ce corps divin, et est ramenée sur la tête par l'irrésistible mouvement qui fait tourbillonner les millions d'atomes au milieu des ténèbres du chaos.

Cette admirable peinture porte l'empreinte d'une incompréhensible puissance. Elle est l'image la plus simple, la plus concise et la plus poétique du premier principe de vie, de mouvement et de force qui se manifesta dans la création, et l'on se sent frémir de respect en présence de cet esprit mouvant de Dieu qui, suivant la croyance des Hébreux, marchait à l'origine des choses sur l'océan profond de la nuit. En présence d'une conception si magnifique et si soudaine, on croit entendre les paroles de l'Écriture : « Il parle, cela se « fait ; il ordonne, c'est fait... Il dit que la lumière « soit ! et la lumière fut. »

1. Ps. ciii, 2.
2. Job, ch. xxv.

Nul doute que cette fresque ne soit de Raphaël lui-même. Cependant Taja en fait honneur à Jules Romain. Mais le pinceau n'a rien ici de la timide roideur de l'élève, il a au contraire l'ampleur magistrale et l'entrain plein de force qui n'appartiennent qu'au génie créateur [1].

Le dessin original se voit à Gubbio, chez le comte Ranghiasci. L'Angleterre en possède une copie.

II

DIEU CRÉE LA TERRE [2]

Le Créateur se détache avec une extrême légèreté sur un fond chaudement éclairé. Dominant la terre qu'il vient de suspendre au-dessus du néant, il ne l'écrase pas de sa grandeur, il la caresse de son regard, la protége de sa puissance et la pare avec amour comme la fiancée du ciel. L'air agite sa chevelure et sa longue barbe blanche, insignes de sagesse éternelle, et son manteau rouge, symbole d'amour divin. La courbe élégante de cette figure s'harmonise parfaitement avec la courbe du globe terrestre. L'index de la

---

1. Ce tableau est de forme hexagonale, comme les trois suivantes. La figure de l'Éternel est à peu près de grandeur de demi-nature; elle fut peinte en deux jours, comme on le peut voir par les reprises de la fresque qui n'ont pas été dissimulées. — La main droite, les nuages et une partie de la draperie sont endommagés.

2. Gen., ch. I, v. 6 à 13.

main droite assigne aux eaux leurs limites. « sa toute-
puissance frappe les mers et les partage [1] ; » tandis que
la main gauche, majestueusement étendue, répand à
profusion sur la terre tous les trésors d'une végétation
virginale. On comprend mieux, en présence de cette
figure aussi grande que naïve, l'émotion de David,
quand promenant sur la création un regard attendri,
la terre lui apparaît, non comme un lieu d'exil et de
châtiment, mais comme une oasis sortie du sein des
mers pour protéger et nourrir tous les êtres vivants.
« Tu as consolidé la terre sur ses fondements, elle ne
« vacillera jamais. Tu l'as de toutes parts entourée
« de flots, comme d'un ample vêtement ! Les eaux
« s'élevaient au-dessus des montagnes : elles se sont
« retirées devant ton murmure, devant ta voix me-
« naçante, et se sont précipitées dans les abîmes !
« — Et les monts se sont élevés, et les vallées se sont
« assises plus bas, toujours plus bas, jusqu'à la place
« que tu leur avais assignée. — Et tu as imposé des
« limites aux flots, afin qu'ils ne puissent plus se dé-
« passer eux-mêmes, afin qu'ils ne puissent plus
« revenir et couvrir la terre entière. — Tu as fait
« jaillir les sources au fond des vallées [2]... »

Bien que Taja attribue cette fresque à Raphaël, elle
porte davantage l'empreinte un peu lourde de la main
de Jules Romain [3].

1. Job, ch. XXVI.
2. Ps. LVIII.
3. Cette peinture est mieux conservée que la précédente.

Le croquis original, dessiné à la plume, puis lavé et rehaussé de blancs, figure au catalogue d'A. Rutgers, f. 5, n° 9. Il appartenait au siècle passé à Isaac Walraven d'Amsterdam, dont le cabinet fut vendu en 1795.

III

DIEU CRÉE LE FIRMAMENT [1]

Dieu, après avoir créé la terre, fit le ciel pour servir de couronnement à son œuvre : il concentra la lumière dans le soleil et dans les astres, auxquels il imprima un cours régulier, et lia entre elles par un magnifique enchaînement toutes les parties de la création. — Raphaël en montrant, dans la succession de ses fresques, la terre déjà toute resplendissante de sa verte parure avant que le ciel ait été fait, s'est conformé à l'esprit de l'Écriture, qui enseigne que tout dépend de Dieu seul, écarte de l'origine des choses toute cause matérielle, et ne voit dans la création qu'un acte indépendant et spontané de la volonté du Créateur.

La terre s'épanouit au bas du tableau. Au-dessus, Dieu s'élance avec une majestueuse légèreté : « Il « étend les cieux comme on étend une tente, et d'un

1. Gen., ch. i, v. 14 à 19.

« souffle il leur donne leur beauté [1]...; il dit : Que deux
« grandes lumières brillent en haut du ciel! qu'elles
« soient les reines des temps! et il les suspend sur sa
« grande forteresse. » Le dessin de Raphaël est à la
hauteur de la naïveté sublime de cette poésie primitive.
Le Créateur, enveloppé dans son royal vêtement, les
deux bras écartés par un mouvement plein de grandeur,
sépare la lumière des ténèbres, fait le jour et la nuit,
et fixe à la voûte céleste les deux astres qui éclairent
et animent le monde. La face de l'Éternel, tournée
vers la lumière, est éblouissante de clarté; car à
peine créé, le soleil jette d'un seul coup sur son Dieu,
comme une action de grâces, tout ce qu'il a de rayons.
A droite, la lune brille au firmament ; de nombreuses
étoiles, semblables à des fleurs étincelantes, lui font
cortége, tandis que de légères vapeurs s'élèvent
comme un encens au milieu de la magnificence de
cette première nuit.

Bien que cette fresque [2] soit placée du côté de la
cour, et qu'elle ait dû souffrir plus que les précédentes
des injures de l'air et du contact de l'humidité, sauf
quelques taches au-dessus de la tête et de la main
droite, et une altération sensible dans les ombres
de la draperie, elle est encore assez bien conservée
pour qu'on puisse juger sainement de son admirable
beauté. Je ne puis me ranger à l'avis de Taja, qui
donne cette peinture à Jules Romain, et encore moins

1. Job, ch. xxvi.
2. On reconnaît qu'elle fut peinte en deux jours.

à l'opinion de ceux qui ont cru y reconnaître le faire
de Perino del Vaga[1]. La même main qui a montré
Dieu faisant sortir la lumière du chaos, a certainement rappelé dans les *loges* la création du firmament.
Il suffit, pour s'en convaincre, de considérer le dessin
des extrémités, l'ampleur et l'indépendance des draperies, la finesse, l'harmonie de leur ton, enfin le modelé des têtes, qui sont d'une couleur chaude, mais
non d'une couleur briquetée. C'est donc non-seulement la pensée, mais la main même de Raphaël qu'il
faut voir dans ces deux fresques.

IV

DIEU CRÉE LES ANIMAUX [2]

La terre fraîchement parée se peuple à la voix de
l'Éternel, qui apparaît ici comme le chef de la famille universelle, comme le père bienveillant de tous
les êtres créés. Debout au milieu de son œuvre et la
tête couronnée de lumière, dominant tout de sa grandeur et de sa majesté, il abaisse sur la création un
regard complaisant et satisfait. Il voit que tout est
bien[3]. Il manifeste sa bonté à tous les animaux réunis

1. Meulemeester.
2. Gen., ch. I, v. 20 à 24.
3. Moïse.

autour de lui dans un sentiment identique de reconnaissance et d'amour, il étend les bras vers eux, et les
plus humbles ont part à sa bénédiction. « Le même
« toit abrite le loup et l'agneau, le bélier dort à côté
« du léopard ; les veaux et les lions forment un trou-
« peau docile ; la mère des génisses et la mère des
« oursons paissent côte à côte, et leurs enfants s'é-
« tendent pêle-mêle sur les guérets où broutent le
« lion et le taureau... Rien ne blesse, rien n'est fu-
« neste dans ce pays sacré ; il est plein de la science
« de Jéhovah ; c'est ainsi que l'eau remplit l'Océan [1]. »

Cette fresque fut exécutée par Jules Romain [2]. Le
dessin des animaux est remarquable. Le lion, qui se
tient sur le premier plan à la droite du Créateur, est
bien jusqu'alors le roi de la création [3]. L'ours, le sanglier, l'éléphant, le cheval, la licorne, le rhinocéros, le
taureau, le cerf, l'âne, l'écureuil, le paon, la cigo-
gne, etc., tous dénotent une science profonde de
la nature, et Jules Romain pourrait bien avoir été
ici assisté de Jean d'Udine, qui excellait à reproduire
les animaux. — Cette peinture est d'ailleurs, dans la
première voûte, celle dont l'exécution témoigne le moins
de la participation directe de Raphaël. On n'y voit
plus cette souplesse de pinceau, cette variété, cet éclat
d'ombres et de lumières, qu'on remarquait dans la

1. Isaïe.
2. Elle fut peinte en cinq jours, ainsi qu'on le peut voir par les
reprises non dissimulées de la fresque. Elle est peu altérée.
3. L'homme n'a pas encore été créé.

fresque précédente. A la place de la manière grasse
et douce, spéciale au maître, on trouve la trace d'un
pinceau dur et d'un âpre talent.... En un mot, la première et la troisième de ces fresques sont supérieures [1]
à la deuxième et à la quatrième, autant que Raphaël
est supérieur à Jules Romain.

Décoration de la voûte. — Cette première heure du
monde est accompagnée par les hymnes de joie de
tous les anges, qui, semblables aux premiers rayons
de l'aurore, chantent en chœur pour glorifier l'œuvre
de l'Éternel. Ils sont là tels que le Saint-Esprit les
montra à Moïse, « quand il lui dicta l'histoire de la
Création [2] », avec leurs formes humaines, leurs regards
de flamme, et leurs ailes aux radieuses couleurs. Remplissant cette première voûte de leur éclat invariable,
ils éveillent dans leur vol éternel l'idée de l'harmonie
dans le mouvement. Ce sont ces mêmes créatures merveilleuses, que les prophètes virent rassemblées sur la
montagne de Dieu dans le paradis, reflétant la majesté
de l'Infini, et portant le ciel qui sert de base au trône
de Jéhovah [3]. Génies contemporains de la création, ce
sont eux qui peuplèrent le monde à l'origine des choses, qui vécurent et respirèrent avec les arbres, avec

1. Nous ne parlons ici que de l'exécution, car l'idée, le dessin
de tous ces tableaux appartiennent à Raphaël.
2. Bossuet.
3. Ézéchiel, Isaïe, Samuel.

les fleurs, avec les étoiles, montrant incessamment à
l'homme, dans toutes les merveilles qui frappaient son
regard, l'auteur et le rénovateur invisible et universel.

Personne, mieux que Raphaël, n'a compris la mystérieuse poésie de ces Élohim, qui vivaient avec le
peuple de Dieu sans l'incliner vers le polythéisme. Un
seul de ces chérubins suffirait pour assurer la gloire
d'un peintre ; et quand on considère chacune de ces
immortelles et divines créatures, on est saisi d'une
égale admiration et pour l'Écriture, source de telles
pensées, et pour le génie qui, en s'inspirant d'une
pareille poésie, a su produire de tels chefs-d'œuvre.

Arabesques. — Dans les arabesques décorant les
piliers qui soutiennent cette première voûte, on voit
à la base un beau masque couronné de feuillages. Au-
dessus, deux Chimères portent sur leur tête une corbeille de fleurs. Puis ce sont de charmants Amours
qui soutiennent des vases où brûlent des parfums.
Plus haut, deux Faunes, en forme de télamons, sont
placés de chaque côté d'un petit temple à balustre,
et supportent un cadre demi-circulaire, dans lequel
on voit un joli paysage avec des ruines. On remarque
encore des cygnes, des sphinx égyptiens, des hippogriffes, des phénix et d'autres êtres fantastiques qui
s'ébattent au milieu des fleurs, des feuillages et des
festons de toutes sortes. Enfin de légères figures en
stuc se détachent, semblables à des camées, au milieu de ces arabesques : c'est une allégorie de l'Abon-

dance, tenant d'une main une corne chargée de fruits
et de l'autre le soc d'une charrue ; une femme ailée ,
écrivant sur un bouclier (ce sera, si on veut, la Muse de
l'histoire) ; une femme tenant une palme et ayant un
enfant devant elle, etc.

On distingue encore, dans l'embrasure du balcon,
un griffon qui se joue au milieu des roseaux ; puis des
vases, des Génies, etc.; tout cela tellement effacé, que
ce ne sont plus que des ombres qui chaque jour disparaissent davantage, et dont on ne verrait bientôt plus
même la trace sans les vitrages qui les protégent
maintenant[1]. — Parmi les stucs qui complètent cette
arabesque, les uns représentent des cavalcades et
divers sujets dans le goût de l'antique, les autres sont
plus familiers, plus intimes. C'est là que se trouvent
ces charmantes pochades d'atelier, que le burin de
Pietro Santi Bartoli a rendues populaires. On y
remarque l'ouvrier qui prépare le mur, l'élève qui
décalque le carton, le maître qui s'apprête à peindre,
et à côté le broyeur qui donne aux couleurs la division qu'elles doivent avoir, le stucateur enfin qui
modèle ses figures en relief. Les artistes se sont pris
sans doute eux-mêmes comme modèles, ils ont dessiné

---

1. Grâce aux gravures de Volpato, on peut suppléer en partie à
ce qui est détruit dans les arabesques qui décorent les *pilastres
flanqués* de l'intérieur de la *loge*. — Quant aux arabesques qui
ornent les embrasures des balcons, elles sont presque complète-
ment détruites, et Volpato n'en a gravé que six dans les planches
connues sous le nom de *stucs de Raphaël*. Les autres gravures de
cette collection rappellent les bordures des tapisseries.

avec une facilité pleine de verve leurs occupations de
chaque jour, et, glissant une pointe d'ironie dans ce
vaste travail, ils ont rappelé avec esprit les traits saillants de plusieurs d'entre eux. Chacune de ces figures
est probablement un portrait, ou plutôt une caricature,
et il est fâcheux que l'histoire de l'art ne nous ait pas
rappelé leurs noms[1].

1. Nous ne prétendons pas donner ici une description des *stucs*
contenus dans les loges de Raphaël; ce sujet serait d'une immense
étendue et d'une complication infinie. Il faudrait en effet considérer
ces *stucs* non-seulement dans les arabesques, mais dans les voûtes
et dans les cintres de toutes les arcades. On se lancerait ainsi dans
des digressions qui prendraient le pas sur l'objet principal que
nous poursuivons, l'étude des tableaux de la Bible.

DEUXIÈME VOUTE

ADAM ET ÈVE

Les peintures de la deuxième voûte rappellent l'histoire de nos premiers parents. Elles les montrent au milieu des enchantements de leur divine innocence. puis s'élevant contre l'ordre de leur Dieu, chassés de l'Éden, et condamnés à toutes les misères de la vie, du travail et de la mort.

L'histoire de la chute d'Adam se répète dans l'histoire de chaque peuple et dans l'histoire de chaque homme, et nous trouvons au fond même de notre âme le dogme universel de la déchéance et de la réhabilitation. Qui donc, avant d'entrer dans la brûlante saison des durs labeurs, n'a pas joui, ne fût-ce qu'un instant, de la fraîcheur du printemps et de l'innocente paix du paradis? Qui donc n'a pas quitté les bienfaisants ombrages de l'arbre de vie, pour s'attacher à l'arbre de la science maudite et pour goûter ses fruits mortels?— Toutes les religions ont eu leur paradis. Moïse parle de l'Éden, comme d'un pays féerique et lointain qui lui est inconnu. C'est ailleurs le jardin des péris, et les pays enchantés où mûrirent les pommes des Hespérides, où vécut le bélier à la toison d'or. Cette tradition uniforme répond donc à un fait réel du monde primitif : c'est la racine commune de toutes les poésies ; on la retrouve au commencement de la Bible, elle se perpétue à travers toutes les prophéties, et fleurit encore au dernier livre des Écritures. Raphaël devait s'en inspirer comme un homme de génie s'inspire de la vérité.

V

DIEU PRÉSENTE ÈVE A ADAM [1]

Dieu, voulant couronner son œuvre, tint conseil en lui-même, chercha sa propre image au fond de son cœur, et dit : « Faisons l'homme à notre image et ressemblance [2]. » Puis tirant de sa bouche un nouveau souffle de vie, il créa la femme pour servir de compagne à l'homme, et il la para aussi d'une âme immortelle.

Raphaël nous montre le premier réveil du cœur de l'homme, le rêve doré du matin de la vie. — L'Éternel, enveloppé dans son vêtement de pourpre et do-

1. Gen., ch. I, v. 7 à 25.
2. C'est ainsi que le mystère de la Trinité se manifeste dès la création d'Adam. (Bossuet.)

minant tout de sa majestueuse puissance, pose la main droite sur l'épaule de la femme qu'il amène à l'homme. — Adam, assis sur un tertre, sort du sommeil pour entrer dans l'extase ; il contemple avec ravissement sa compagne, et voit en elle « comme un admirable rejaillissement de l'image de Dieu[1]. » — Debout et les bras croisés sur la poitrine, Ève exprime une tendresse pleine de chasteté ; elle comprend qu'elle vient d'être formée du sang et du cœur d'Adam, et une sensation divine naît en elle. — Ces figures ont toutes la grandeur et la dignité de l'homme dans sa première institution. Le paysage, éclairé par les feux de l'aurore, témoigne également de la magnificence de l'Éternel et de toutes les splendeurs du paradis terrestre.

Vasari, Félibien et Taja ont attribué cette fresque[2] à Jules Romain. Mais nous nous rangerons de préférence à l'avis de Richardson, qui reconnaissait le pinceau de Raphaël, surtout dans la figure d'Ève. Nul autre, en effet, n'aurait pu peindre avec cette clarté délicate et charmante la pudeur qui voile ce corps pur de toute souillure ; nul autre n'aurait pu exprimer ainsi l'innocence divine dans la jeunesse et dans l'amour. Cette figure atteste en outre une hardiesse de pinceau, une transparence de tons, une netteté d'expression qu'on ne retrouve pas dans le reste du tableau. La figure d'Adam est plus indécise, plus timidement peinte, sa carnation est plus rouge et moins naturelle.

1. Bossuet, *Élévations sur les mystères.*
2. Elle est malheureusement fort altérée, surtout vers la droite.

Quant au Créateur, le dessin en est magnifique ; et le manteau présente des reflets qui dénotent encore une palette plus riche que celle de Jules Romain.

L'esquisse originale de cette fresque figure au n° 453 du catalogue de Rutgers [1].

VI

ADAM ET ÈVE DÉSOBÉISSENT A DIEU [2]

Dieu, en unissant l'âme à la matière, avait mis l'homme au-dessous des anges [3], esprits purs et dégagés de toute matière. Conseillés par le démon, Adam et Ève voulurent tenter la dangereuse épreuve de la liberté et s'élever contre l'ordre de leur Créateur. « Ève prit le fruit et le mangea, et en donna à son « mari qui en mangea aussi [4]. » Le crime commence par le serpent, se continue en Ève, et se consomme en Adam [5]. Telle est l'histoire de la chute de l'homme ; telle fut la première erreur de la raison.

L'*arbre de science*, dont la tradition a fourni aux Orientaux tant de sentences qui toutes recommandent

1. C'est un dessin à la plume et lavé. — Voy. H. Reveley, Préface des *Notice illustrative of the drawing*. Lond., 1820, in-8°.
2. Gen., ch. III, v. 1 à 6.
3. Ps. VIII, 6.
4. Gen., ch. III, v. 6.
5. Bossuet, *Élévations sur les mystères*, IX.

de fuir les sciences occultes et les enchantements, occupe le milieu du tableau. Ève est debout à gauche: elle a déjà succombé; elle vient de cueillir le fruit mortel, et elle le présente à Adam, qui est assis de l'autre côté. Le serpent, enroulé autour du tronc de l'arbre défendu, montre entre les branches une tête pleine d'un charme perfide : non content d'avoir tenté l'homme par la femme, il dirige vers lui son regard et achève de le corrompre. A la vue du brillant tentateur, Adam est aveuglé par l'orgueil; il cède, et il n'ouvrira les yeux qu'après sa faute, alors qu'il aura honte de la séduction et horreur du séducteur... N'est-ce pas là l'histoire universelle? — Cette composition, toute différente de celle que Raphaël avait placée déjà dans le plafond de la *chambre de la Signature*, est d'un dessin, d'une science et d'une simplicité admirables. Ève n'est plus la vierge timide et chaste qu'on a vue dans le précédent tableau. Elle est dominée par le désir et par la passion; et son geste, d'une grande hardiesse et d'un superbe développement, met admirablement en évidence toutes les puissances de la beauté. Ses cheveux, de couleur d'ambre, sont attachés par un cordon ; et cette réminiscence de l'antiquité, qui s'est glissée ici à l'insu du peintre, montre à quel point la renaissance, même dans ses inspirations les plus religieuses, était dominée par la présence des marbres anciens [1].

1. Cette fresque est très-bien conservée. Adam a les cheveux blonds, tandis que la chevelure du tentateur est noire. Le paysage

On reconnaît facilement et plus exclusivement encore dans cette peinture le dessin plein de force et de précision de Jules Romain, mais aussi sa couleur terne et froide. Ainsi les chairs d'Ève, bien que plus blanches que celles d'Adam, n'ont plus l'harmonieuse transparence que nous remarquions dans le tableau précédent [1].

VII

ADAM ET ÈVE CHASSÉS DU PARADIS TERRESTRE [2]

Le temps des douces et pures émotions du paradis est passé. Adam et Ève, déchus de leur grandeur originelle, s'enfuient devant les vengeances de l'Éternel. En eux se trouve flétrie l'origine de la race humaine, et comme Adam, nous sommes à jamais condamnés à nous cacher, en signe de honte.

Un ange rayonnant de lumière et armé d'un glaive

est fort beau : des eaux transparentes coulent au pied d'un rocher et reflètent l'azur du ciel.

1. Un dessin à la sanguine rappelant cette fresque fait partie des collections du Musée du Louvre. (Richardson.) Raphaël affectionnait ce sujet, car il en a fait encore une autre version, qui a fourni à Marc-Antoine une de ses plus admirables gravures. (Bartsch, t. XIV, 1.)

2. Gen., ch. III, v. 9 à 24.

chasse devant lui les coupables, qui viennent de descendre les marches de l'Éden. C'est ce même ange, aux ailes irisées, enveloppé dans une tunique qui dessine des formes idéales, qu'on voit dans la *Délivrance de saint Pierre*. — Adam, couvert de confusion et le visage caché dans ses mains, est poussé hors du paradis par le bras vengeur de l'Éternel. — Ève marche à côté. Ce n'est plus ce premier ouvrage du Créateur, où tout était beau. Sa faute lui fait voir en elle je ne sais quoi de honteux, qu'elle voudrait pouvoir se cacher à elle-même [1]. Son corps est dégradé de sa pureté native, et elle porte sa nudité comme un opprobre et comme un fardeau. Cependant sa douleur est douce et résignée, et c'est encore vers le ciel que ses yeux vont chercher un refuge : elle connaît l'infinie bonté du Juge qui la frappe, et son regard semble comprendre que Dieu, en la châtiant, vient de déposer dans son sein le germe divin de la Rédemption. Dieu fait ensemble justice et miséricorde ; et l'amour qu'il inspire, plus encore que la crainte, est ici le point de départ de la sagesse humaine. Voilà ce qu'exprime l'admirable figure de notre mère commune. — Le fond de ce tableau est également d'une grande beauté : d'un côté, une lumière éclatante ferme à jamais l'entrée de l'Éden ; tandis que de l'autre côté, la terre s'épanouit sous les douces clartés du ciel, et sourit à nos premiers parents.

---

1. Gen., ch. III, 7.

Cette fresque [1] est une répétition de celle de l'église des Carmes de Florence. En s'inspirant de Masaccio, Raphaël a voulu témoigner sa reconnaissance envers le maître florentin, et confesser en même temps qu'il était impossible d'interpréter le texte de l'Écriture avec plus de noblesse et de pathétique. — Vasari attribue cette peinture au Sanzio lui-même. Cependant on en fait généralement honneur à Jules Pippi. Sans nous ranger absolument à l'opinion de Vasari, nous pensons que si l'élève a exécuté la plus grande partie de cette œuvre, le maître lui-même est venu ensuite lui imprimer le caractère que seul il eut la puissance de donner à ses conceptions.

Le prince Albert possède le dessin original de ce tableau [2].

VIII

ADAM ET ÈVE HORS DU PARADIS [3]

Nous assistons au commencement de la vie terrestre, avec ses labeurs et ses peines. L'homme et la femme n'ont plus la chaste nudité qui les parait dans le para-

1. Elle a beaucoup souffert de l'humidité.
2. C'est ce dessin sans doute qui a servi à Marc-Antoine pour sa gravure. (V. Bartsch, t. XIV, 2.)
3. Gen., ch. III, v. 19.

dis, ils sont couverts des habits de peaux dont « Dieu
« les revêtit lui-même [1]. » — Ève, assise devant la
cabane où notre premier père vécut de travail et de
souffrance, file le lin destiné à vêtir les deux beaux
enfants nus qui s'ébattent à ses pieds. Ce n'est plus
ni la vierge de l'Éden, ni la femme maudite chassée
par l'ange; c'est une douce mère de famille, qui a
vieilli déjà, mais que Dieu a traitée en père en même
temps qu'en juge, et qu'il ramène à lui par la sainte
loi du travail. Ses cheveux n'ont plus cette belle couleur blonde qu'ils avaient dans le paradis, ils sont
bruns avec des reflets d'or. En contemplant Caïn et
Abel qu'elle a « enfantés dans la douleur » et qui se
disputent ses caresses, sa tendresse paraît inquiète et
troublée : il semble que Dieu lui inflige le pressentiment
que bientôt ces enfants seront le premier mort et le
premier meurtrier [2]. — Sur un plan secondaire, Adam
lutte contre l'aridité d'une terre « maudite dans son
travail. » Sa jeunesse et sa beauté ont fui comme un
nuage qui passe, et l'ont abandonné; sa barbe est
inculte, et des rides profondes sillonnent déjà son front
couvert de sueur. Un chien, le premier des animaux
qui aient aimé l'homme, complète cette scène mélancolique et charmante, qu'encadrent les lignes harmo-

1. Gen., ch. III, v. 21.
2. Le christianisme regarde Abel comme la première image que
l'Écriture présente de Jésus-Christ, et il est à remarquer combien
ce groupe d'Ève et de ses deux enfants rappelle les saintes Familles
de Raphaël.

nieuses d'un paysage plein de fraîcheur et de beauté...
« La terre retourne à la terre. » voilà ce qu'explique
en termes éloquents ce tableau, et tel est aussi l'éternel écho de la vie ; l'homme ne cesse de travailler
que pour retourner à la terre « dont il est pris [1]. »

Taja et Bunsen ont attribué cette peinture [2] à Jules
Romain. L'abbé Titi et Pinaroli ont prétendu qu'elle
était de la main de Raphaël lui-même. Ce qu'il faut
tenir pour certain, c'est que le maître y a mis une
étincelle de sa flamme immortelle [3]...

C'est donc Jules Romain que nous nommerons
dans cette voûte, en reconnaissant toutefois que l'Urbinate est plus directement intervenu dans l'exécution
de la première. de la troisième et de la quatrième [4] de
ces fresques. La seconde, *Adam et Ève désobéissent à
Dieu.* paraissant appartenir plus exclusivement au
Pippi.

---

1. Gen., ch. III, v. 23.

2. Cette fresque, placée du côté de la cour, a été fort endom-
magée par l'humidité.

3. On a signalé dans cette composition des anachronismes, tels
que la pioche de fer qui se voit aux pieds d'Adam et la quenouille
qu'Ève tient dans ses mains. — Nous expliquerons plus tard qu'il
faut voir dans ces fresques des improvisations et non des œuvres
longtemps méditées. Pourquoi d'ailleurs atténuer par une petite
critique le bonheur d'admirer des chefs-d'œuvre ?

4. Par la première, la troisième et la quatrième de ces fresques,
nous entendons parler de celles seulement qui sont contenues dans
la seconde travée, c'est-à-dire de : *Dieu crée l'homme et la femme,
Adam et Ève chassés du paradis terrestre,* et *Adam et Ève hors
du paradis.* Par rapport à l'ensemble de la *Bible de Raphaël,* ces
fresques seraient la cinquième, la septième et la huitième.

Décoration de la voûte. — Une frise d'un dessin très-remarquable par son élégance et sa légèreté encadre la base de cette voûte, dont les tableaux sont entourés d'arabesques charmantes, accompagnant de jolies figures d'hommes, de femmes et d'enfants.

Arabesques. — La décoration des piliers de cette seconde travée montre d'abord un beau vase dont les anses soutiennent deux petits génies portant des guirlandes de fleurs. Plus haut, une renommée admirablement drapée étend les bras et supporte un globe terrestre. Puis ce sont des chimères, des cariatides, des festons et toutes les fantaisies de l'arabesque. Dans un médaillon circulaire on remarque deux centaures d'un fort beau dessin. — Quant aux stucs, ce sont des déesses et des dieux, des héros et des nymphes, et tous les trésors de l'antiquité retrouvée [1].

Malgré le délabrement de l'arcade qui encadre le balcon, on distingue encore un oiseau dans le soubassement, et dans les montants des piliers de petits temples et des paysages qui devaient former les motifs principaux de l'arabesque. On voit également que le stucateur a répété là le groupe d'*Adam et Ève chassés du paradis terrestre,* tel exactement qu'on le voit dans le tableau de cette voûte. C'est ainsi que, dans ces capricieuses improvisations, la fantaisie se donnait libre carrière, entremêlant sans cesse aux

---

1. Du côté du palais, la fenêtre est condamnée par une fresque représentant un paysage animé de figures et d'oiseaux.

souvenirs profanes les réminiscences sacrées, et que
l'élève, pouvant choisir son sujet et ayant sous les
yeux un chef-d'œuvre, copia en bas-relief la
peinture célèbre où Raphaël avait lui-même copié
Masaccio.

TROISIÈME VOUTE

NOÉ

La tradition date de Noé[1]. Tout ce qui précède ne nous est arrivé que comme des fables de héros et de géants, qu'un souffle mystérieux a portées jusqu'à nous par-dessus les eaux du déluge. Les premiers-nés de ce monde, pénétrés de l'énergie de la création, furent d'une force extraordinaire et d'une grande beauté : ils s'appelaient eux-mêmes les fils de Dieu ; leur existence de plusieurs siècles les aveugla d'orgueil, et leur méchanceté devint telle, qu'elle effraya Dieu même. On retrouve les hommes de cette époque dans les

---

1. D'Adam à Noé, on compte une période de mille six cent cinquante-six ans (Bossuet, *Hist. univ.*), remplie par une simple généalogie : Caïn, fils d'Adam ; Hénoch, fils de Caïn ; Jirad, fils d'Hénoch ; Méhouiael, fils de Jirad ; Metouchael, fils de Méhouiael ; Lemech, fils de Metouchael ; Iabal et Toubal Caïn, fils de Lemech ; — Seth, troisième fils d'Adam ; Énosch, fils de Seth ; Kenane, fils d'Énosch ; Mahalalel, fils de Kenane ; Jéred, fils de Mahalalel ; Hénoch, fils de Iéred ; Métouselah, fils d'Hénoch ; Lemech, fils de Métouselah ; Noé, fils de Lemech.

Titans du paganisme et dans toutes les mythologies…
Quelque brisés que soient pour nous les traits de ce
monde primitif, nous les devons saluer et bénir, car
ils présentent l'origine de la religion et de l'Écriture ;
ils nous montrent surtout la race humaine « venue
d'un seul homme », se répandant sur la terre, et hé-
ritant de la malédiction qui pesait sur Adam. « Il y a
« une grande affliction et un joug pesant sur les en-
« fants d'Adam, depuis le jour de leur sortie du sein
« de leur mère, jusqu'au jour de la sépulture dans le
« sein de la mère commune[1]. »

IX

NOÉ CONSTRUIT L'ARCHE[2]

« L'Éternel, voyant que la malice des hommes
était grande sur la terre et que toutes les directions des
pensées de leur cœur tendaient constamment vers le
mal, résolut de les exterminer, ainsi que les animaux,
les reptiles et jusqu'à l'oiseau du ciel, qu'il se repentit
d'avoir faits. » Noé seul trouva grâce devant Dieu, et
c'est ainsi que l'espèce humaine échappa à la destruction générale[3].

1. Ecclésiast., XLI.
2. Gen., ch. VI, v. 5 à 22.
3. Le nom même de *Noé* résume son histoire et sa vocation,
car il signifie : *celui qui délivre la terre du joug des tyrans.*
(Herder.)

Noé apparaît ici, triste et résigné, dirigeant la construction de l'arche que Dieu lui a commandé de bâtir. Sa tête vénérable rappelle celle du Créateur dans les fresques de la première voûte. Il est debout, vêtu d'une tunique violette à reflets bleuâtres et d'un long manteau rouge. — Devant lui, ses trois fils travaillent avec ardeur. Sem, dont la chevelure et la barbe grisonnent déjà, est entièrement nu sur le premier plan : il scie une forte poutre de bois, et cette opération, qui met en jeu tous les ressorts d'une musculature pleine de force, a fourni à Raphaël, et à Jules Pippi son interprète, l'occasion de déployer une science de dessinateur qu'on a trop souvent refusée à l'école romaine. Ici l'anatomie est savante sans affectation et sans pédantisme, le raccourci du bras droit est d'une rigueur et d'une exactitude exemptes de bizarrerie ; enfin l'attitude générale et le mouvement de cette figure devenue classique sont de tous points admirables. Cham et Japhet sont sur un plan secondaire ; ils équarrissent un arbre à coups de hache. — Plus loin, on voit la charpente de l'arche qui repose sur sa quille au milieu d'une vaste prairie ; et au fond, sous un ciel qui se couvre déjà de vapeurs blanches, des bois, des rochers et de hautes montagnes bleues qui forment l'horizon.

C'est encore à Jules Romain que Raphaël confia l'exécution de cette fresque [1]. On l'a quelquefois, mais à tort, selon nous, attribuée à François Penni.

1. Elle est assez bien conservée.

Un dessin de ce tableau se trouve à la villa Pamphili Doria[1].

X

DÉLUGE UNIVERSEL [2]

Le déluge de Raphaël est un tableau plein de grandeur et d'émotions, où les épisodes touchants abondent, mais sans détourner l'attention de la catastrophe générale où les hommes vont être anéantis.

Le ciel, couvert de ténèbres, se confond avec les eaux et répand partout de sombres teintes. La lumière jaillit par éclats avec les coups de tonnerre; elle est violente, saccadée, sinistre. Au fond, l'arche, assise encore sur la terre, est entourée d'une foule de malheureux qui implorent miséricorde. Plus loin encore, on aperçoit des barques où de faibles mortels espèrent échapper à la colère de Dieu. Puis c'est un radeau où deux hommes se sont réfugiés; ce sont des infortunés qui luttent pour la possession d'une planche; ce sont, sur une hauteur abritée par des bois, des mères qui embrassent leurs enfants et font de vains efforts pour échapper aux eaux qui vont tout envahir. Sur le premier plan, un vieillard à cheval, drapé dans un manteau rouge qu'il a ramené sur sa tête pour la protéger, lutte contre

1. Passavant.
2. Gen., ch. VII, v. 7 à 24.

la violence des flots. A côté, un homme emporte entre
ses bras sa femme mourante; tandis qu'un père,
croyant arracher ses deux enfants à la mort, se hâte
vers la hauteur où il croit trouver son salut.... Tout
cela est très-beau et très-pathétique. L'humanité existe
encore, mais on sent que son heure est venue.

Cette fresque [1] fut peinte par Jules Romain, selon
Taja, par Raffaele del Colle, selon l'abbé Titi et
Pinaroli, et par Raphaël lui-même, selon Vasari. Ce
qui est certain, c'est qu'ici non-seulement l'esprit de
Raphaël a guidé son élève, mais que sa main elle-même
lui est venue en aide. — Le déluge des *loges* est un
tableau complet où la science le dispute au sentiment.
Le déluge du Poussin est plus triste encore peut-être,
mais il est moins dramatique et moins poignant.

XI

SORTIE DE L'ARCHE [2]

L'arche occupe le fond du tableau, elle s'est reposée
sur la montagne d'Ararat : les eaux ont disparu de
dessus la terre, et Noé, ainsi que sa famille et tous
les animaux qui étaient dans l'arche, revoient la douce
lumière du jour. — Noé est debout, vêtu d'une tuni-

---

1. Elle est bien conservée, et les reprises de la fresque permettent de voir qu'elle fut peinte en cinq jours.
2. Gen., ch. VIII, v. 1 à 19.

que jaune et d'un manteau rose à reflets blancs ; les
yeux levés vers le ciel, il rend grâce à l'Éternel. Sa
femme, dont les forces semblent épuisées, se soutient
sur lui[1]. De l'autre côté sont ses deux belles-filles et
son plus jeune fils. Ce groupe est fort beau. Il y a
une opposition charmante entre la tristesse et la rési-
gnation des deux vieillards, et la jeunesse pleine d'espérance et d'amour de leurs enfants. — Les animaux
sortent par famille des entrailles de l'arche, et tout
ce qui reste de l'antique création défile tranquillement
devant Noé, heureux de se retrouver sur la terre ra-
jeunie, parée de ses plus riches couleurs, et éclairée
par le ciel le plus pur.

On reconnaît également dans cette peinture[2] les
traits saillants du talent de Jules Romain, et l'on a
cru retrouver dans le fils de Noé une ressemblance
avec Raphaël.

XII

SACRIFICE DE NOÉ[3]

Dès que Dieu eut châtié les hommes, dès que leurs
forfaits ne surchargèrent plus ses mains, il les étendit

1. Elle est vêtue d'une tunique vert clair, et d'un manteau blanc
ombré de bleu.
2. Cette fresque, dont la perspective est fausse, est une de celles
qui ont le plus souffert de l'humidité ; la partie gauche surtout est
presque complétement perdue.
3. Gen., ch. VIII. v. 20 à 22.

pour bénir. — En plaçant le sacrifice de Noé au début
de cette histoire. Raphaël a montré que dans la loi
ancienne « tout est purifié par le sang, en figure de la
« loi nouvelle établie et confirmée par le sang de
« Jésus-Christ[1] ».

L'autel s'élève au milieu du tableau. Il est sans
doute trop architectural, et une simple pierre eût été
plus vraie. Poussée par un vent favorable, la fumée
du sacrifice s'élance avec rapidité vers le ciel. —
Noé[2] est debout, les mains jointes, dans l'attitude
de la prière : son œil semble voir Dieu qui reçoit le
doux parfum des holocaustes. en s'associant au bonheur de ceux qu'il a sauvés. — Les trois fils de Noé
s'occupent à préparer les victimes. On reconnaît dans
celui qui se tient accroupi, prêt à égorger un
bélier, Sem qui. dans la première fresque de cette
voûte, déployait tout l'effort de ses muscles en dis-
posant la charpente de l'arche. — Derrière l'autel, les
belles-filles de Noé présentent une carnation très-
brune et un type arabe d'une grande beauté. — De
chaque côté sont les animaux qui vont être offerts à
l'Éternel : on remarque le cheval. l'éléphant, le
chameau, le taureau, le sanglier, l'âne et le bélier. —
L'horizon du paysage est formé par la mer. Une
double lumière, celle du ciel et celle de la flamme du
sacrifice, éclaire le tableau et produit de beaux effets

1. Saint Paul.
2. Il est vêtu d'une tunique de couleur changeante, à reflets
bleus et blancs. flottant sur un pantalon vert.

de clair-obscur. Cette composition est d'ailleurs parfaitement entendue, et il y a une complète unité entre toutes ses parties [1].

C'est toujours Jules Romain qu'il faut nommer ici, après Raphaël, qui, dans cette voûte, semble avoir travaillé surtout à la peinture du *Déluge*.

Décoration de la voûte. — Les pendentifs des angles sont remplis par des appareils d'architecture formés de portiques à colonnes de marbres précieux, entre lesquelles on croit voir l'azur d'un beau ciel. Cette invention, en produisant de larges effets de perspective, agrandit l'espace étroit de la voûte, ouvre à la pensée de nouveaux horizons, et distrait l'esprit en le conduisant vers les rêves infinis [2].

Arabesques. — Des guirlandes de fleurs forment sur les piliers des encadrements délicieux et de charmants bosquets, au milieu desquels se dessinent, ici de légères figures dont les draperies semblent des ailes, là des paysages, des animaux, des chasses et des papillons aux brillantes couleurs. Voyez cet ours apprivoisé par deux amours qui le font danser ; regardez

1. Cette fresque est assez bien conservée, bien que l'humidité l'ait attaquée vers la gauche.
2. Ce dessin architectural est tellement juste, qu'en se plaçant au point de vue de la perspective de cette décoration, l'illusion est complète.

cet autre amour assis sur un dauphin, ces trois Grâces qui rappellent le bronze antique de la sacristie de Sienne et dont le modelé est à la hauteur de ce que l'art grec a produit de plus élégant. Quelle harmonie ! quelle fraîcheur ! quelle variété !

Ce qu'il y a de vraiment original dans les arabesques des loges, c'est le plan général d'après lequel elles sont conçues, c'est l'unité qui domine toutes les fantaisies, les relie à un centre commun, et leur imprime un parfait accord. Il y a là un système qui soumet à des règles harmonieuses les hasards du caprice, et ce système, qui semble avoir échappé à l'antiquité, est une des inventions les plus heureuses de Raphaël. Les détails de ces arabesques sont infinis, toujours heureux et coordonnés sans cesse par un génie supérieur; ils révèlent une science dont l'étendue et la variété mesurent toutes les ressources d'une grande école; ils montrent une raison exempte de sécheresse, d'affectation et de pédantisme, qui renferme les écarts de l'imagination dans un cadre et dans des limites où ils ne peuvent offusquer le goût ni blesser les convenances.

Parmi les stucs qui décorent l'arcade du balcon, on reconnaît la figure d'Adam, telle qu'on l'a vue dans la première fresque de la deuxième voûte, au moment de la création d'Ève. Plus loin c'est une charmante petite figure de Vénus assise, qui a fourni à Raimondi le motif d'une admirable gravure[1]. Ailleurs encore on

---

1. Bartsch, xiv, 297.

remarque une réminiscence de la statue de Jonas
sculptée sur un dessin du Sanzio dans la chapelle
d'Augustin Chigi à Sainte-Marie du Peuple... Je me
figure que, pour cette immense entreprise, Raphaël
ouvrit à ses élèves tous les trésors de ses cartons, en
leur commandant d'y puiser suivant la convenance et
la forme des cadres qu'ils avaient à remplir de bas-
reliefs. Seulement, il faut dire qu'en se servant de
toutes les ressources amassées par le maître, les disciples n'en usèrent pas toujours avec une retenue suffisante, et qu'il se trouva parmi eux des esprits secondaires, tenant à la renaissance par son côté licencieux,
qui abusèrent quelquefois de la mythologie païenne.
C'est ainsi qu'on regrette de trouver au Vatican
l'histoire des amours des dieux, écrite dans un style
dont la crudité effarouche les moins délicats. — Quoi
qu'il en soit, tous ces stucs, qu'un souffle supérieur
semble avoir créés, portent l'empreinte ineffaçable de
Raphaël, et plus fortement encore l'empreinte de l'antiquité. Ils attestent les fortes études que le Sanzio
ne cessait de faire et de commander à ses élèves d'a-
près les bas-reliefs et les statues anciennes, et montrent les voies par lesquelles ce divin génie parvint à
son idéal.

QUATRIÈME VOUTE

ABRAHAM

De Noé à Abraham, l'histoire manque encore[1]. Moïse ne donne sur cette époque qu'une carte généalogique et géographique de l'émigration des anciens peuples[2]. Mais cette chronologie, malgré ses nombreuses lacunes, assure aux Hébreux la plus ancienne noblesse de la terre ; elle est comme un pont sur lequel on peut passer avec sécurité, par-dessus les eaux du déluge, pour remonter jusqu'à la création. — La civilisation s'est avancée de l'Orient vers l'Occident, du Gange à l'Ararat. Jusqu'à Abraham, toutes les traditions hébraïques se renferment dans le pays compris entre le Nil, l'Euphrate et le Tigre : c'est dans ces contrées que régnèrent Assur et Nemrod, qu'errèrent çà et là les races de Peleg, de Sem et de Jaktan[3],

1. De Noé à Abraham on compte quatre cent vingt-six ans.
2. Moïse, liv. I, ch. x.
3. Quant aux descendants de Japhet, les patriarches ignoraient presque déjà ce qu'ils étaient devenus.

c'est là que se fixa Aram, et c'est de là que partirent les grandes émigrations des peuples après les catastrophes de Babel...

La terre était encore toute trempée des eaux du déluge, et déjà les hommes, « ensevelis dans la chair et dans le sang, » tombaient dans l'idolâtrie. La famille de Noé avait aussitôt dégénéré : Cham et ses descendants avaient été maudits, et les enfants de Japhet avaient abandonné le culte de l'Éternel. La race de Sem avait alors été élue pour succéder à celle de Seth, d'où elle était née ; mais bientôt aussi elle s'était laissée envahir par la corruption. De nouvelles ténèbres allaient donc encore envelopper la terre, lorsque Dieu, voulant opposer une barrière infranchissable à la marche rétrograde de l'esprit humain, rendit la vérité au monde en se révélant à Abraham, et en le comblant des bienfaits d'une bénédiction qui devait plus tard s'étendre sur toutes les nations au nom de Jésus-Christ.

XIII

ABRAHAM ET MELCHISÉDECH [1]

Après qu'Abraham eut victorieusement combattu les rois qui avaient enlevé Lot et tout son bien, il

1. Gen., ch. XIV, v. 1 à 11.
Abraham était d'origine chaldéenne. Pour le préserver de la

trouva Melchisédech qui lui présenta du pain et du vin, et qui le bénit en lui disant : « qu'Abraham soit « béni du Dieu très-haut, créateur du ciel et de la « terre, et que le Dieu très-haut soit loué, lui qui a « livré tes ennemis entre tes mains. » Or, Melchisédech était roi de Salem et prêtre du Dieu suprême, et il avait reçu ce serment de Dieu même : « Tu seras pour « toute l'éternité un prince sacerdotal ; je te consacre « pour être à jamais mon Melchisédech [1]. » Abraham s'inclina devant ce roi « de justice et de paix », il lui donna la dîme de tout ce qu'il avait pris, honorant Dieu dans ce personnage que l'Écriture va jusqu'à représenter comme « semblable au Fils de Dieu ».

La fresque de Raphaël, qui comprend quatorze figures, est d'une étonnante beauté. A gauche, Melchisédech, vêtu de pourpre et la tête couronnée, s'incline, ainsi que les personnages de sa suite, devant le patriarche, et lui présente le pain et le vin. Abraham, dont le costume est plutôt celui d'un guerrier de la colonne Trajane que celui d'un pasteur, occupe la droite du tableau avec ses serviteurs, qui expriment leur étonnement de voir un roi s'humilier devant leur maître. Un caractère sacerdotal domine cette scène et y répand le calme et la majesté. Tout, jusqu'aux grandes amphores placées au milieu du premier plan, témoigne d'une extrême simplicité et en même temps

contagion, Dieu le sépara de son pays et l'établit en Chanaan, où il lui assura une existence indépendante et respectée.

[1]. Ps. 110.

d'une incomparable élégance. Au fond, de douces eaux murmurent, sous un ciel limpide, au milieu des vallées fertiles de la terre de Chanaan.

On peut voir dans cette peinture l'histoire des origines de la dîme que l'Écriture impose en faveur du sacerdoce. Melchisédech est le pontife par excellence, tandis qu'Abraham représente le croyant qui offre une part de son butin au sacrificateur, au prêtre qui intervient entre l'homme et Dieu.

Cette fresque, assez bien conservée, est d'une charmante couleur. Les figures, moins rigoureusement accentuées peut-être que dans la plupart des tableaux des voûtes précédentes, semblent indiquer une palette plus variée, un pinceau plus souple et plus libre.

XIV

DIEU SE RÉVÈLE A ABRAHAM [1]

Sara était déjà presque centenaire et n'avait pas d'enfants, lorsque Dieu annonça à Abraham « qu'en « lui et en sa semence toutes les nations de la terre « seraient bénies, » montrant par ces paroles que le germe divin promis à Ève se retrouverait dans la postérité de ce grand homme.

Le dessin de Raphaël est à la hauteur de cette belle

1 Gen., ch. xv, v. 4 à 6.

histoire. Je dis le *dessin*, parce que, dans la partie supérieure surtout, les couleurs de cette fresque sont presque absolument effacées[1]. L'Éternel, soutenu par deux anges et porté sur des nuées, apparaît entouré d'une éblouissante clarté au milieu des ombres de la nuit, et montre à Abraham les étoiles, symbole de sa postérité.

Le patriarche est tombé la face contre terre ; mais, obéissant à l'ordre de son Dieu, il se relève tout à coup sur ses genoux et regarde le ciel, en écartant les bras avec admiration. Cette figure, qui participe d'un double mouvement, est remplie d'expression et d'une étonnante spontanéité[2]. A l'horizon, la terre, couleur d'azur, semble se marier au ciel ; de sorte que, dans tous les détails de cette conception, l'infini prête au fini un reflet de son incommensurable grandeur.

Dans cette longue série de peintures où tout s'enchaîne, Abraham est véritablement l'image de l'alliance. Rien n'est admirable comme les relations qu'il établit avec l'Éternel ; rien n'est touchant comme le calme et la pureté de sa confiance. Exilé sur une terre étrangère, il n'a d'autre ami que son Dieu, et son Dieu lui tient lieu de tout. Quelle tendresse dans ces entretiens ! que de preuves d'alliance ! quelle paternité dans les paroles de Dieu ! « Ne crains rien, Abraham,

---

1. Cette peinture était déjà presque détruite dès l'année 1615, ainsi que le mentionne Horace Borgiani.

2. Abraham est vêtu d'une tunique bleue à reflets jaunes, et d'un manteau rouge.

« je suis ton bouclier, je suis ta récompense, la plus
« grande de toutes... Je ferai de toi une grande na-
« tion, je te bénirai, j'agrandirai ton nom, tu seras
« une bénédiction... Lève les yeux vers le ciel, compte
« les étoiles. Ainsi sera ta semence. »

Le dessin original de cette fresque est mentionné
dans les collections du Louvre [1].

XV

ABRAHAM VISITÉ PAR LES ANGES

Cette scène est une touchante idylle, qui retrace les
temps d'innocence et de bonheur, où un simple pasteur
recevait des anges sous sa tente hospitalière, et jamais
Raphaël n'a été mieux inspiré. — Les trois anges sont
d'une élégance et d'une beauté qui n'appartiennent pas
à la terre; l'art grec n'a rien conçu de plus noble, et
ces créatures divines sont descendues, non du ciel
d'Homère, mais des hauteurs où réside de toute
éternité *Celui qui est et qui sera*. Leur carnation
est chaude, fine et transparente, et de longs cheveux dorés tombent sur leurs épaules. Différents
d'attitude, ils expriment cependant une pensée identique, car ils sont tous les trois les interprètes des
conseils de Dieu. Il n'est pas douteux que c'est, non-

1. Richardson. — 2. Gen., ch. XVIII, v. 1 à 10.

seulement l'esprit de Raphaël qui a évoqué cette apparition, mais que c'est sa main même qui lui a donné la vie dans la fresque des loges [1]. — Quant à Abraham [2], il est prosterné. à la manière orientale, aux pieds des envoyés de l'Éternel. — Derrière le patriarche on voit sa maison, et par la porte entr'ouverte, Sara, qui rit en son cœur en disant : « Vieille comme « je suis, est-ce que j'enfanterai jamais? » Cette scène se passe dans la riche vallée de Mambré, au milieu d'une atmosphère chaude et lumineuse [3].

Un dessin, lavé à la sépia sur papier brun et rehaussé de blancs, regardé comme l'esquisse originale de Raphaël, a passé successivement dans les collections de La Noue et Rutgers, avant d'arriver dans celle de l'archiduc d'Autriche, où il est maintenant.

XVI

LOT ET SA FAMILLE S'ENFUIENT DE SODOME

Lot, tenant ses deux filles par la main, s'enfuit de Sodome, sans oser regarder en arrière. — Lot est un

1. Les deux anges du premier plan se tiennent par la main. L'ange du milieu est vêtu d'une tunique jaune et chaussé de brodequins bleus; celui qui est à sa droite a une tunique brune, tandis que le troisième porte un vêtement bleu de ciel à reflets argentins.

2. Abraham est vêtu d'une longue tunique bleue à reflets dorés.

3. Cette fresque a beaucoup souffert de l'humidité.

4. Gen., ch. XIX, v. 1 à 24.

vieillard magnifique. — Ses filles sont fort belles aussi,
et très-bien drapées dans leur tunique jaune et bleue,
à reflets verts et blancs. L'une marche les yeux fer-
més ; l'autre les fixe vers la terre, et l'on voit que
toutes deux font effort pour obéir à l'ordre de Dieu.
— Derrière, la femme de Lot s'est retournée, et le
châtiment de sa désobéissance a été soudain : la mort
l'a subitement arrêtée dans sa marche [1]. — Au fond,
on voit Sodome, que dévore le feu du ciel... Cette
peinture est d'une fort belle couleur [2].

Nous nous rangeons volontiers à l'opinion généralement admise, qui attribue les fresques de cette voûte
à François Penni. On y reconnaît en effet les qualités
caractéristiques du peintre du *Baptême de Constantin*.
Il est évident que la main qui a peint l'ensemble de
ces quatre tableaux n'est plus celle qui a peint les
tableaux des voûtes précédentes. Le dessin a généralement ici moins de précision, de force et d'énergie ;
mais il est moins violent, moins dur, et il imprime aux
figures plus d'élégance et de distinction. Le pinceau,
bien que fort habile, a moins de fougue et d'entrain ;
mais, avec moins de sûreté, il a plus de grâce et de
légèreté. La palette est plus variée, plus riche, les

1. Le sel était, chez les Orientaux, un emblème de destruction.
La femme de Lot changée en sel indique sans doute que cette
femme brûla et fut anéantie. Peut-être lui éleva-t-on un monument
qu'on appela statue de sel, c'est-à-dire souvenir de destruction.
(Herder.)

2. Elle est assez bien conservée. On en voyait une esquisse
dans les collections de sir Th. Lawrence.

couleurs sont plus heureuses, les chairs surtout sont
d'un ton moins briqueté, moins cru. Les paysages
enfin sont traités avec un remarquable talent. — Si
toutes ces fresques ont un caractère commun de grandeur et d'idéale beauté, c'est au maître lui-même
qu'elles le doivent. C'est la main même de Raphaël
qui leur a donné la force, la justesse et l'harmonie
suprêmes ; et dans cette voûte, cette main puissante
est visible surtout dans les tableaux d'*Abraham et
Melchisédech* et d'*Abraham visité par les anges*.

Décoration de la voûte. — Les tableaux de l'histoire
d'Abraham sont accompagnés de jolies fresques mythologiques qui se détachent sur des fonds éclatants
bleus et verts. Ce sont des dieux marins combattant
des monstres : ils ont de l'homme la tête, la poitrine
et les bras, du cheval les jambes, et du poisson la
queue, et entraînent avec eux des Nymphes ou des Satyres qu'ils protégent. Les monstres qu'ils combattent
sont effroyables par leurs formes, par leur force et par
leurs dimensions gigantesques : leur tête est celle d'un
bélier ou d'un lion, d'un cheval ou d'un serpent, d'un
taureau ou d'un aigle ; tous ont des ailes puissantes,
et une longue queue qu'ils agitent comme une arme
formidable. Ces sujets bizarres, en rappelant les délires
du paganisme à côté de la grandeur simple et naïve de
la Bible, montrent mieux encore ce qu'il y a de sublime
et d'incomparable dans les origines de notre religion.

Arabesques. — On remarque, à la base de l'arabesque de cette travée, une Renommée assise sur une sphère, et tenant une trompe dans chacune de ses mains. Au-dessus, deux figures nues soutiennent un petit temple au milieu duquel on voit une jolie statue de Flore. Deux colonnettes d'or supportent l'entablement de cet élégant sanctuaire, et cet entablement est lui-même couronné par un fronton, sur lequel sont couchées deux femmes nues. Plus haut, deux beaux griffons ailés soutiennent un médaillon, dans lequel on voit une biche allaitant un faon. Enfin, au sommet de ces piliers, quatre petits Génies soutiennent une lyre, qui domine l'ensemble de cette décoration, où tout est beau.... En signalant les traits saillants de ces arabesques, nous n'avons pas de prétention de les décrire, et même nous passons forcément sous silence ce qui en fait le grand charme, c'est-à-dire les détails infinis et insaisissables, si élégants et si parfaitement d'accord avec les figures principales que, sans eux, ces figures n'auraient pas de raison d'être.

Dans l'arabesque de l'embrasure du balcon[1], on aperçoit encore, à travers le brouillard des ruines, deux charmantes coquilles en forme de salière ; puis, au-dessus, un lion jouant avec une boule, un paysage et divers bas-reliefs en stuc, parmi lesquels on peut distinguer une petite bambochade d'Amours, un Centaure, un Triton et une Néréide, une belle tête de Mé-

---

1. Cette arabesque est gravée par Volpato au n° 6 des *stucs*.

duse, et, dans un médaillon circulaire, le pontife donnant sa bénédiction à un personnage à genoux dans la galerie même des loges... On le voit, les réminiscences sacrées, et même les à-propos du moment, n'étaient pas proscrits de ces fantaisies inspirées par l'anthropomorphisme païen. Le stucateur avait une grande liberté dans la manière dont il ordonnait ses sujets, et il lui arrivait quelquefois de saisir et de fixer dans un bas-relief les objets ou les scènes qui frappaient son regard au moment où il allait se mettre à l'œuvre. Ainsi, Léon X passe sans doute dans la galerie des loges, quelqu'un se trouve là qui se prosterne et demande au pape sa bénédiction, et un stuc naît aussitôt de cet incident.

CINQUIÈME VOUTE

ISAAC

Isaac ayant hérité de la foi d'Abraham, Dieu lui continua sa bénédiction et le conduisit en toutes choses. Isaac vécut de la vie nomade, sous des tentes et « sans un pied de terre à lui ». Cependant, « il devint grand, et alla toujours en augmentant, jusqu'à ce qu'il devint très-grand[1]. »

XVII

DIEU APPARAIT A ISAAC [2]

Isaac et Rébecca, quittant une terre stérile, s'arrêtent dans le pays des Philistins, près de la ville de Gérara, où régnait Abimélech qui adorait aussi le

1. Gen., ch. XXVI, v. 13.
2. Gen., ch. XXVI, v. 1 à 6.

vrai Dieu. Là. l'Éternel apparaît à Isaac, et lui réitère
les promesses qu'il avait faites à Abraham... On s'é-
tonnera sans doute de voir que Raphaël a pris dans
l'histoire d'Isaac un motif qui répète l'apparition de
Dieu à Abraham dans la voûte précédente. Mais, outre
que le Sanzio ne s'est pas copié et qu'il a su faire ici
un nouveau tableau, le choix même qu'il fit de ce
sujet montre qu'il en comprenait toute l'importance
au double point de vue de l'Ancien et du Nouveau
Testament. La Bible n'est, en effet, qu'une longue préparation au christianisme; voilà ce qu'on doit lire
d'un bout à l'autre de la *loge* Vaticane. Ces appari-
tions étaient un signe certain que Dieu ne regardait
pas la nature humaine comme étrangère à la sienne;
« elles préparaient et commençaient l'incarnation du
Fils de Dieu, » l'incarnation « n'étant autre chose
qu'une apparition de Dieu au milieu des hommes,
plus réelle et plus authentique que toutes les autres[1]. »

Dieu s'élance du sein de la lumière, et, dans un
magnifique développement, montre à Isaac la ville de
Gérara, où il lui ordonne de s'arrêter. C'est toujours
ce même esprit puissant qui paraît sous une forme
sensible, enveloppé dans une draperie de couleur
pourpre avec des reflets roses. — Isaac est à genoux[2],
son corps s'incline en avant, et, dans un mouvement

---

1. Bossuet, *Élév. sur les myst.*, 179.
2. Il est vêtu d'une tunique bleu clair, avec des ombres rousses.

plein de souplesse, il porte le bras droit en arrière,
dans la direction de Gérara. Le raccourci de ce bras
est d'un fort beau dessin. — Quant à Rébecca, vêtue
d'une robe jaune à reflets blancs, elle est assise sur
un plan secondaire, à l'ombre d'un bois : elle semble
inquiète et rêveuse, et ne voit pas l'apparition devant
laquelle s'incline Isaac. Cette petite figure de Rébecca
est charmante. — Le paysage en amphithéâtre, avec
les remparts de la ville au fond, est également d'un
fort bon effet.

L'humidité n'a pas respecté ce joli tableau, qu'on
donne encore à François Penni, ainsi que les trois
autres fresques de cette voûte.

Le dessin original appartenait au baron de Stackel-
berg. On en voit une copie à Vienne, dans les collections de l'archiduc.

XVIII

ISAAC ET RÉBECCA CHEZ ABIMÉLECH [1]

Isaac, dans la crainte d'être inquiété par les habitants de Gérara, avait fait passer Rébecca pour sa
sœur. Mais Abimélech surprit le secret de leur ma-
riage.

1. Gen., ch. XXVI, v. 7 à 11.

Proposer à un peintre un pareil sujet, c'est jeter un défi à son talent et plus encore à son goût. Cependant Raphaël a abordé sans hésitation et avec une entière franchise cette situation difficile, et son génie en a triomphé avec tant de bonheur que l'on peut dire de ce tableau qu'il a toute la hardiesse d'expression de la Bible, et qu'il en a en même temps la simplicité, la grâce naïve et la force.

Après une journée de silence et de retenue, Isaac et Rébecca se sont réfugiés dans le palais d'Abimélech, au fond d'un magnifique vestibule ouvert sur la campagne, et là, se croyant seuls, ils donnent un libre cours aux épanchements de leurs cœurs. Loin de vouloir dissimuler la difficulté de son sujet, Raphaël a inondé ses personnages d'une lumière étincelante. Le soleil, à son déclin, montre à l'horizon son disque de feu, et remplit de ses rayons d'or tout l'intérieur de ce beau portique : on dirait l'œil de l'Éternel dont le regard vient caresser et bénir des amours qu'il protége. Comme couleur, il est impossible de rien imaginer de plus téméraire, et en même temps de plus heureux. Comme dessin, l'art, qui réunit ces deux époux absorbés dans leur tendresse, est au-dessus de ce qu'on peut rêver de plus parfait. Isaac est assis dans l'angle du tableau, tenant sa femme sur ses genoux et la pressant sur son cœur ; sa tête, ardente et passionnée, est superbe. Rébecca entoure son époux de ses bras, semble se recueillir dans son amour, et s'abandonne avec une chaste ivresse. Ces deux têtes.

qui se confondent dans un sentiment identique, sont
d'une grâce merveilleuse [1]. — Abimélech enfin paraît
dans l'ombre d'une fenêtre qui donne sur le vestibule :
ses traits et son geste expriment l'étonnement et la
douleur... Du reste, tout est calme et heureux dans
cette scène : tout, jusqu'au bruit de la fontaine, dont
les eaux semblent murmurer de douces choses ; jusqu'à la brise qui balance les arbres, et entoure de
leurs parfums Isaac et Rébecca, pour ajouter encore
au bonheur que Dieu leur donne.

C'est certainement le pinceau de Raphaël qui a
prodigué ses plus chaudes caresses au groupe d'Isaac
et de Rébecca. Et telle est la puissance d'une fresque
exécutée avec la verve d'un maître inspiré sur un enduit
parfaitement préparé, que ce tableau, bien que placé
du côté de la cour, a résisté pendant plus de trois
siècles à l'humidité qui n'a cessé de le combattre, et
nous est parvenu assez bien conservé, pour qu'on
puisse juger encore de sa prodigieuse beauté [2].

1. Les draperies qui couvrent ces deux figures sont d'un bleu
pâle, avec des reflets jaunes.
2. En effet, cette peinture, à part quelques taches, est dans un
bon état de conservation.

XIX

JACOB SURPREND LA BÉNÉDICTION D'ISAAC [1]

Isaac n'est plus ici le brillant pasteur qu'on a vu tout à l'heure dans le palais d'Abimélech : c'est un vieillard aveugle, étendu sur le lit où il va bientôt s'endormir à jamais dans le sein de l'Éternel. Il est appuyé sur son bras gauche, et sa main droite est levée dans l'attitude de la bénédiction. La lumière qui éclaire cette fresque est très-vive, et, venant de la gauche, frappe directement dans les yeux du patriarche et rend sa cécité plus saisissante encore. — Jacob, « enfant de la grâce et de la prière, » né miraculeusement d'une femme stérile, est à genoux auprès de son père, et lui présente en tremblant le mets qu'Ésaü avait été chargé de lui préparer. — Rébecca, tremblante aussi, soutient et encourage le plus jeune et le plus aimé de ses fils, tandis que trois serviteurs sont en prière, à genoux auprès du lit d'Isaac. — Enfin, dans le fond à gauche, on voit Ésaü qui revient de la chasse et accourt, plein d'inquiétude, portant sur son dos le gibier qu'il a tué. Cette petite figure est d'une grande élégance et d'un fort beau mouvement.

1. Gen., ch. XXVII, v. 30.

Raphaël, en supprimant la peau de chevreau dont Rébecca couvrit les mains et le cou de Jacob, a sacrifié la vérité historique à la loi de beauté, plus impérieuse encore en matière d'art. Quoi qu'il en soit, ce tableau est d'une extrême clarté et rempli d'émotions. L'instant est solennel, la bénédiction est donnée à Jacob, et voilà Ésaü qui paraît, trop tard pour pouvoir s'opposer au dessein de l'Éternel, trop tôt pour ne pas être témoin du tort qu'on lui fait. — Malheureusement, les couleurs fondamentales de cette fresque ont disparu, et il faut faire effort pour rétablir les relations qui devaient exister entre les ombres et les parties claires.

Le dessin original de Raphaël a appartenu à Mariette, et figure au n° 124 de son catalogue.

XX

ESAÜ RÉCLAME LA BÉNÉDICTION DE SON PÈRE [1]

Cette composition a de grandes analogies avec celle qu'on vient d'étudier ; la disposition est la même, le fond et les accessoires sont identiques. — Ésaü, se voyant trompé, a repris sa place près du lit de son père, et réclame avec énergie la bénédiction qui lui

1. Gen., ch. XXVII. v. 30 à 41.

était due [1]. — Dans le fond, Jacob se tient près de Rébecca, tremblant à la vue de son frère irrité. — Quant à Isaac [2], il est étendu sur son lit, et exprime, par son geste, qu'il faut que les intentions de Dieu s'accomplissent, et que c'est Dieu lui-même qui a voulu donner à Jacob la bénédiction qui appartenait à Ésaü… C'est que, dans ces bénédictions paternelles et prophétiques, il ne s'agissait pas seulement de la postérité actuelle, mais du sort d'une nation, et même de l'avenir du monde. Aussi voit-on les patriarches, dans cet acte suprême de leur vie, toujours dominés par une puissance supérieure à leur propre volonté. La vocation de Jacob et la préférence de Dieu avaient été annoncées à Rébecca avant la naissance de ses fils. « Vous portez, lui avait dit l'Éternel, deux peu-« ples dans votre sein, et l'aîné sera assujetti par le « plus jeune. » Jacob devait être Israël, Ésaü devait donner naissance aux Iduméens, et la bénédiction d'Isaac marque le début de l'accomplissement de cette prophétie.

Dans cette fresque, qui a d'ailleurs beaucoup souffert, le pinceau semble plus timide, moins indépendant, et la couleur générale a moins de transparence que dans les trois tableaux qui précèdent. Il est donc

1. Ésaü a jeté à ses pieds le produit de sa chasse.

2. La figure d'Isaac n'est pas identique à celle du tableau précédent. Elle accuse plus de jeunesse et de force. Le torse, nu dans les deux fresques, est plus puissant dans la seconde; dans l'une la tête est chauve, et point dans l'autre.

probable qu'ici le maître aura plus abandonné l'élève à ses propres forces.

Toutefois, on peut admettre, après un examen attentif, que l'ensemble des fresques de cette voûte témoigne des mêmes qualités qu'on a signalées déjà dans les peintures de l'histoire d'Abraham. C'est donc encore François Penni que nous reconnaîtrons ici, mais toujours après Raphaël; car dans toutes ces fresques on retrouve sans cesse la main du maître qui dirige et domine celle de l'élève quel qu'il soit. Qui donc, sinon le Sanzio, aurait pu peindre *Isaac et Rébecca surpris par Abimélech ?* Le Fattore savait d'ailleurs parfaitement se plier aux conseils de Raphaël. Moins original, sans doute, que Jules Romain, et avec moins de puissance, il fut plus docile, et rappelle souvent avec plus de fidélité les qualités exquises de l'Urbinate.

Décoration de la voûte. — Des perspectives d'architecture complètent, avec les tableaux de l'histoire d'Isaac, la décoration de cette voûte.

Arabesques. — Quant aux arabesques des piliers, elles sont formées par des enroulements de feuillages chimériques, au milieu desquels courent de légers écureuils. — Du côté du palais, la fenêtre est condamnée par de beaux ornements qui se détachent sur un fond noir : on voit au sommet deux Nymphes, au bas deux fleuves, et au centre une délicieuse figure nue qui renverse un vase rempli d'eau. — Parmi les stucs qui encadrent cette fenêtre, on distingue des Tritons et des combats; et dans les demi-pilastres un léger rinceau de feuilles et de fleurs, au milieu desquelles chantent une multitude d'oiseaux.

Les côtés des piliers qui forment l'embrasure du balcon sont également décorés par un rinceau, où les feuilles d'acanthe se mêlent aux feuilles et aux fruits de la vigne. Des fleurs innombrables, qui n'ont de raison d'être que dans l'imagination, s'épanouissent à travers cette brillante fantaisie; et du milieu de ces feuillages sortent des griffons ailés et des enfants qui semblent naître du calice de ces fleurs enchantées. Rien n'est charmant comme ces plantes fabuleuses qui forment. en s'entrelaçant, des cadres où se dessinent d'élégantes figures de femmes et d'Amours; tandis que plus haut les stucs, modelés dans le goût de l'antique, produisent d'admirables effets entre des chèvres qui se débattent et sautent avec légèreté dans les méandres de l'arabesque[1].

Tout cela est parfait, et compose un ensemble que l'esprit peut sanctionner sans réserve. Il y a là, sans doute, une exagération de l'ornement; mais cette exagération est l'essence même de l'arabesque, et elle doit être autorisée, pourvu qu'elle ne dégénère pas en extravagance, pourvu qu'elle ne s'affiche pas et reste

1. V. la planche 11 des *stucs* gravés par Volpato.

7

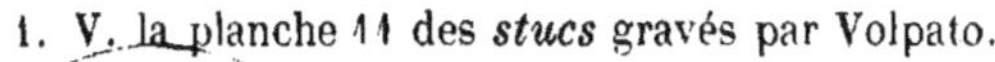

toujours avec discrétion sur un plan secondaire, pourvu que la raison, ne perdant jamais ses droits imprescriptibles, intervienne sans se montrer, et tienne sans cesse la bride à la fantaisie tout en lui rendant la main. Les arabesques des *loges* présentent des types qu'on peut varier à l'infini, mais dont il sera toujours dangereux de s'écarter.

SIXIÈME VOUTE

JACOB

L'histoire des patriarches se déroule à la manière
d'un poëme oriental, comme un rêve pastoral d'alliance et d'amitié avec l'Éternel. Jacob poursuit
l'œuvre de son père Isaac et de son aïeul Abraham.

Raphaël va montrer, dans les tableaux de cette
voûte, ce qu'il y eut de plus intime dans les rapports
du patriarche avec Dieu, ce qu'il y eut de plus poétique dans ses relations avec le monde. Ces peintures
vont nous rappeler le charme naïf de l'histoire de ces
pasteurs par qui la terre était bénie, de ces hommes
au cœur pur que Dieu et les anges accompagnaient
partout.

XXI

VISION DE JACOB [1]

Cette fresque rappelle, par beaucoup de points, celle que Raphaël avait placée déjà dans le plafond de la chambre d'Héliodore, au-dessus de la *Délivrance de saint Pierre*. — Jacob est endormi, couché à terre et la tête appuyée sur la pierre de Bethel. Ses membres vigoureux s'abandonnent au sommeil, et ses traits s'épanouissent sous le charme du rêve que Dieu fait descendre sur son adolescence, comme une bénédiction. Comme cette figure dort bien! et comme on voit qu'elle est sous l'empire d'un songe! Tout autour, d'épaisses ténèbres couvrent la terre, tandis que, dans le ciel qui s'entr'ouvre, une vive lumière jaillit des sources de l'empyrée, éclaire la figure de Jacob et jette de magnifiques reflets sur sa tunique rose. Au milieu de cette lumière se dresse l'*échelle* mystérieuse, qui de la terre s'élève jusqu'aux splendeurs du ciel, où Dieu étend les bras, comme pour embrasser celui avec lequel il fait alliance, et par qui il veut bénir toutes les nations de la terre. — Des anges, d'une divine élégance, vêtus de tuniques rouges et vertes, sillonnées de lumières blanches, descendent vers Jacob en publiant avec ferveur les louanges de l'Éternel. Ces créa-

1. Gen., ch. **XXVIII**, v. 10 à 19.

tures idéales sont comme noyées au milieu d'une clarté surnaturelle.

On reconnaît dans cette fresque la touche délicate et fine de Pellegrino de Modène, celui des élèves du Sanzio qui a le plus approché du charme de sa couleur, de l'élégance et de la grâce de sa manière.

L'esquisse originale de ce tableau a appartenu successivement au cabinet Crozat, au marquis Legoy, à T. Dimsdale et à sir Thomas Lawrence.

XXII

JACOB RENCONTRE RACHEL ET LIA [1]

En allant chercher à Aram les mères de ses fils, Jacob obéissait à l'orgueil invincible d'une race de pasteurs restée pure de tout mélange étranger. Les Sémites regardaient les Chananéens comme une tribu d'esclaves, avec laquelle Abraham lui-même avait défendu toute alliance ; le père de cette tribu l'avait avilie dès l'origine, et le poids de ce premier crime devait éternellement peser sur sa race. Aussi Jacob aurait-il cru se déshonorer en épousant une fille de Chanaan.

Dès les premiers pas qu'il fait dans le pays des

1. Gen., ch. xxix, v. 9 à 17.

Orientaux, Dieu lui montre les femmes qu'il doit aimer. Il rencontre, arrêtées près d'un puits, les deux filles de Laban qui font boire les troupeaux de leur père. Ce sont deux figures admirables, d'une noblesse instinctive et d'une grandeur qui s'ignore, exemptes de la faiblesse que la civilisation impose, même à la beauté corporelle, librement épanouies en pleine nature et en plein soleil. Appuyées l'une sur l'autre et se tenant la main, elles regardent l'étranger avec une étonnante naïveté. Rachel, plus belle et plus fière que sa sœur, est sur le premier plan; ses bras sont complétement nus, sa main droite est posée sur sa hanche, sa tête est vue de profil et son regard se fixe avec confiance sur Jacob. « Rachel était belle de figure et de carnation[1]. » Quant à Lia, elle s'efface derrière sa sœur, et regarde plus obliquement. « Les yeux de Lia étaient faibles[2]. » — Jacob, qui manque ici de jeunesse, s'arrête stupéfait d'admiration, et ce dessin rappelle parfaitement cette parole de l'Écriture : « Jacob baisa Rachel et, élevant la voix, il pleura[3]. » — Tout autour du puits se pressent les troupeaux que conduisent Lia et Rachel. — Enfin, cette pure et fraîche légende s'encadre dans le paysage le plus beau qui se puisse rêver, et jamais Raphaël n'a été plus complet et plus grand. C'est là une idylle vraiment sublime; et l'on comprend mieux, en présence

1. Gen., ch. XXIX, v. 17.
2. *Idem.*
3. *Idem.*, v. 11.

de ce tableau, comment l'histoire et la poésie des temps qui suivirent purent s'asseoir sur de telles traditions.

Il est inutile d'ajouter que, pour cette fresque, Raphaël a fait plus certainement que de donner son dessin à Pellegrino de Modène. Comment la main qui a peint la figure timide et incertaine de Jacob aurait-elle eu l'assurance et l'inspiration nécessaires pour peindre Rachel? Dans l'une, se trahit le pinceau de l'élève; dans l'autre, le maître lui-même se révèle avec une incontestable évidence.

Le dessin original de cette peinture a été acheté, moyennant 46 florins, par l'archiduc Charles, à la vente de J. Walraven, d'Amsterdam.

XXIII

JACOB REPROCHE A LABAN DE L'AVOIR TROMPÉ [1]

Les personnages de cette scène sont réunis, au lever de l'aurore, au milieu d'une fraîche oasis. — Jacob vient de s'apercevoir qu'il a été trompé, et il se plaint à son beau-père qui lui a donné Lia au lieu de Rachel. — Lia est derrière Jacob, confuse et humiliée, baissant la tête. — En face, Laban, après avoir expliqué

1. Gen., ch. XXXI, v. 21 à 28.

à Jacob qu'il avait dû, d'après l'usage de son pays, marier l'aînée avant la cadette, lui propose Rachel en échange de sept autres années de service. — Jacob est ici le jeune pasteur qu'on se représente chez Laban ; le geste par lequel il désigne en même temps Lia et Rachel est plein d'expression. — Quant à Rachel, ce n'est plus la fière jeune fille qu'on a vue tout à l'heure : elle est triste, abattue, et regarde avec douleur celui dont elle devrait être déjà la femme.

Malgré les altérations excessives que l'humidité a fait subir à cette fresque, il est facile de voir qu'une grande distance la sépare de la précédente. Elle semble cependant avoir été peinte par la même main. Seulement dans l'une tout accuse la timidité de l'élève qui interprète l'idée du maître, tandis que dans l'autre le génie créateur éclate à chaque instant.

XXIV

JACOB RETOURNE EN CHANAAN [1]

Jacob, après avoir servi vingt ans chez Laban, retourne avec ses femmes, ses enfants et toutes ses richesses dans le pays de ses pères. Monté sur un mulet, il dirige lui-même la marche de sa caravane.

1. Gen., ch. XXXI, v. 1 à 18.

Ce n'est plus le jeune pasteur qui arriva seul et pauvre
en Mésopotamie ; c'est le patriarche que Dieu va bientôt nommer Israël, et qui se dirige, entouré d'une
nombreuse famille, vers la terre promise à Abraham
et à Isaac. — Ruben et Siméon, les premiers-nés de
Lia, ouvrent la marche, chassant devant eux les innombrables troupeaux qui défilent à travers les gorges
de la montagne. — Puis, sur un chameau qui se re-
dresse avec fierté sous le fardeau qu'il porte, Rachel
entoure de ses deux bras Joseph qu'elle vient de mettre
au monde avec ce cri de suprême bonheur : « Dieu a
soulevé mon opprobre [1], » tandis qu'un jeune enfant
nu se presse derrière elle, pour se dérober aux taqui-
neries de deux de ses frères. Cet enfant sera, si l'on
veut, Issachar, l'un des derniers-nés de Lia ; et les
deux autres, assez forts déjà pour suivre à pied la
marche de leur père, seront Dan et Nephtali, les fils
de Bilha, servante de Rachel. Ce groupe est un chef-
d'œuvre où le génie du Sanzio se manifeste dans
toute sa force et dans sa beauté la plus parfaite ; c'est
la pureté de son dessin ; c'est le charme incomparable
de sa couleur ; et ne resterait-il dans les loges que
cette jeune mère et ces admirables enfants, qu'il faudrait venir s'agenouiller avec ferveur devant cette
révélation de la Grâce, et prier en regardant ce divin
sourire. — A côté de Jacob et sur un autre mulet, Lia
porte attaché sur son dos Zabulon, le dernier de ses

1. Gen., ch. **xxx**, v. 23.

fils, et dans ses bras sa fille Dina, dont la beauté devait
un jour coûter si cher aux habitants de Sichem. —
Derrière, on voit sur un chameau les deux esclaves de
Rachel et de Lia, Bilha et Zilpa, qui avaient donné à
Jacob Dan et Nephtali, Gad et Aser. Pour compléter
cette nomenclature de la famille de Jacob au moment
de son retour en Chanaan, il manque Lévi et Juda ;
nous supposerons que ce sont eux qui ferment cette
marche pastorale.

Tout est beau dans cette fresque. Une vie saine,
calme, heureuse, circule partout au milieu de ces quatorze figures, dont les carnations transparentes et fraîches sont admirablement variées suivant l'âge et le
sexe. Dans les draperies, le rouge et le rose dominent,
avec des reflets dorés produits par le soleil qui darde
ses plus chauds rayons sur les moindres détails de cette
scène patriarcale. Le paysage enfin complète, par son
agreste beauté, l'harmonie générale du tableau [1].

Si Raphaël a donné la flamme immortelle à quelques-unes des figures que nous venons d'étudier, il
paraît certain cependant que cette fresque a été peinte
dans son ensemble par la main qui a exécuté, dans la

1. Il est à regretter que, dans une des quatre fresques consacrées
à l'histoire de Jacob, Raphaël n'ait pas rappelé l'heure solennelle
de la mort du patriarche, quand, entouré de ses douze fils, il leur
adresse cette prophétie qui, dans la grandeur de Juda et dans
l'histoire du peuple juif, contient les destinées du monde : « Juda
« est un jeune lion... Le sceptre ne sortira pas de Juda... jusqu'à
« ce que vienne Celui qui doit être envoyé et qui sera l'attente des
« peuples. »

même mesure, les trois autres tableaux de l'histoire de Jacob. C'est donc Pellegrino de Modène qu'il faut reconnaître dans cette voûte[1]. Toutes ces peintures, en effet, témoignent de la même richesse de couleur, d'une science égale de clair-obscur, et rappellent en plus d'un point les groupes des plans secondaires de la fresque de l'*Incendie du Bourg*. On sent dans la manière de ce maître de secrètes affinités avec Corrége, mais fortifiées par des leçons plus hautes encore. Vasari et Lanzi ont trouvé avec raison que nul n'avait mieux rappelé le Sanzio dans ses qualités les plus intimes, dans sa grâce divine et dans sa chaste beauté ; nul n'a mieux imité le charme entraînant de ses airs de tête, et la manière dont il groupe et dont il fait mouvoir ses figures... Mais alors pourquoi sans cesse nommer Raphaël, et pourquoi Pellegrino n'aurait-il pas *seul* exécuté les tableaux qu'on lui attribue dans les *loges?* Parce qu'en dehors de ces chefs-d'œuvre, je cherche vainement par toute l'Italie quelque chose qui les rappelle. Et ce que nous disons ici, il faut le répéter pour chacune des treize voûtes et pour chacune des cinquante-deux fresques des *loges*. Ainsi, Raphaël lui-même est intervenu constamment, non-seulement par la pensée, mais par une active et incessante coopération; et il a dû soutenir ici les efforts et le talent de Pellegrino de Modène, qui seul n'aurait pas produit des fresques aussi merveilleusement belles

____

1. Son nom était Munari ; on l'appelle aussi Aretusi.

que celles du *Songe de Jacob,* de la *Rencontre avec Lia
et Rachel,* et du *Retour en Chanaan.*

Décoration de la voûte. — Cette sixième voûte est
ornée par le simulacre d'une tente décorée de riches
arabesques.

Arabesques. — Sur les pilastres, on voit d'abord
une marine au milieu de laquelle s'ébattent des dauphins. C'est par ce point que cette fantaisie touche à
la réalité. Au-dessus, deux petits Amours paraissent
dans un cadre demi-circulaire, et transportent déjà
l'imagination dans le pays des songes. Plus haut, on
pénètre plus avant dans le domaine de la mythologie. Une de ces idoles, appelées *Diane d'Éphèse,* est
posée sur un piédestal où l'on remarque un sacrifice ;
de chaque côté, deux beaux cerfs semblent placés en
sentinelles. Cette idole porte sur sa tête un petit temple, d'où part une végétation fabuleuse qui se ramifie
ensuite jusqu'au sommet de ce pilastre, en entourant
de charmants camées. Seize petits Génies folâtrent au
milieu de ces feuillages magiques, et sont comme les
fleurs de cet arbre enchanté. — A côté, dans l'encadrement de la fenêtre, ce sont des figures d'hommes
et de femmes, nus et drapés, d'une grande beauté.

Dans l'embrasure du balcon, on remarque trois
figures qui dansent en se tenant par la main : leurs
chevelures et leurs vêtements, violemment agités, té-

moignent de leur mouvement et de leur animation. Au-dessus, dans un cadre circulaire, est un paysage avec une basilique et un temple. Puis c'est un taureau qui poursuit un enfant, une danse des Muses, deux Faunes qui entourent un cygne, des animaux, des Amours, etc. [1]

1. Cette arabesque a été gravée par Volpato, au n⁰ 4 de ses *stucs*.

SEPTIÈME VOUTE

.

JOSEPH

L'histoire de Joseph est la dernière des traditions
patriarcales. L'idée qui la domine appartient à Israël.
mais sa forme est tout égyptienne.

Cette histoire raconte les émigrations de la famille
de Jacob, et renferme tous les *dires* relatifs aux descendants du patriarche. Les secrets de la Providence s'y montrent surtout dans les songes mystérieux et prophétiques de ce grand homme, et dans
son admirable chasteté. C'est ce que Raphaël rappelle avec un art merveilleux dans les tableaux de
cette voûte.

XXV

SONGES DE JOSEPH [1]

Joseph se tient debout à l'ombre d'un palmier, racontant à ses frères les deux songes qui présagent sa grandeur future. — Joseph est ici représenté sous les traits d'un adolescent d'une grande beauté; « Joseph était beau de figure et de carnation [2]. » Il est vêtu d'une tunique jaune ombrée de gris, et ses cheveux blonds descendent en longues boucles sur son cou; son teint blanc, limpide et pur, forme une heureuse opposition avec les chairs basanées de ses frères. — Ceux-ci sont dominés par un sentiment identique de haine et d'envie. Groupés dans des attitudes pittoresques, ils écoutent avec une dédaigneuse ironie le récit de Joseph. On sent que l'orage gronde dans leurs cœurs, et que le jour de la vengeance est proche. Toutes ces têtes sont vues de profil; mais cela n'a rien de choquant, tant il y a d'abondance et de variété dans l'expression, dans la pose et dans le geste de ces figures. — La nature est ici d'une grande richesse. C'est la vallée d'Hébron, au fond de laquelle on aperçoit les troupeaux de Jacob qui paissent en liberté. — Dans le ciel, deux médaillons

1. Gen., ch. XXXVII. v. 1 à 11.
2. Gen., ch. XXXIX. v. 6.

rappellent les songes de Joseph : dans l'un on voit les onze gerbes de ses frères qui s'inclinent devant la sienne; dans l'autre, le soleil, la lune et onze étoiles sont rangés autour de Joseph et l'adorent. Ce procédé de composition, qui rappelle les maîtres primitifs, donne au sujet plus d'évidence et de clarté, et contraste d'ailleurs par sa naïveté avec l'indépendance qui domine tout le reste du tableau.

On retrouve dans les peintures de cette voûte la science, la fermeté, la précision du dessin de Jules Romain. Mais on sent en même temps que la main de Raphaël a passé sur ces fresques et les a sauvées de ce que le pinceau de Jules Pippi, livré à lui-même, leur aurait imprimé de dur et de pesant. Il suffit, pour s'en convaincre, de considérer ici la figure de Joseph et de quelques-uns de ses frères; la jeunesse et la grâce de l'une opposée à la force et à la rudesse des autres; toutes ces têtes si expressives et si justes, sans aucune exagération, traduisant toujours des sentiments vrais, et n'allant jamais au delà du naturel et de la simplicité.... Du reste, Raphaël avait fait plusieurs projets avant d'arriver à son plan définitif. On le voit, en regardant la gravure de Philippe Soie, ainsi que les dessins de sir Th. Lawrence et du cabinet de l'archiduc.

XXVI

JOSEPH VENDU PAR SES FRÈRES [1]

Joseph vient d'être vendu par ses frères à des marchands madianites, et il est tout en larmes près de la citerne où il avait été descendu d'après le conseil de Ruben qui voulait le sauver. Juda reçoit vingt pièces d'argent pour prix de ce honteux marché. Parmi les autres frères de Joseph, le remords et la honte dominent déjà la haine. Les marchands ont d'admirables têtes ; et, dans ce dessin, tout, jusqu'aux chameaux, est d'un grand style. Cette fresque est en outre supérieurement éclairée, et il n'est pas douteux que le pinceau de Raphaël y ait touché. Raphaël aimait la lumière, et la lumière le lui rendait. On n'a, pour s'en convaincre, qu'à regarder la tunique bleue de Joseph, dans les plis de laquelle le soleil, en se jouant, produit des reflets blancs et roses d'un effet charmant, tandis qu'à côté, des ombres rouges fortement accentuées font paraître avec une tout autre valeur la robe également bleue, mais plus ample, du chef de la caravane madianite. Jamais la palette de Jules Romain n'eut cette variété, cette richesse.

1. Gen., ch. XXXVII, v. 12 à 28.

On peut faire, d'ailleurs, une observation générale pour toutes les fresques des *loges*, c'est qu'elles semblent avoir été peintes en haine du noir. Voyez toutes ces draperies si richement nuancées : jamais les plis ne sont indiqués par des ombres noires ; ils sont mis en relief par des reflets changeants, dont la vérité est certainement très-contestable, mais dont l'effet pittoresque et l'harmonie sont évidents. Il y a là comme un parti pris de fuir cette couleur négative. Or, ce système est tout personnel à Raphaël[1], il atteste sa participation constante dans l'exécution des tableaux de la Bible, et l'on sait malheureusement trop combien Jules Romain, quand il fut livré à lui-même, eut une manière de voir différente.

Le dessin original de cette fresque a appartenu successivement au duc de Tallard, puis à Gérard Hoet, de La Haye, d'où il est passé en 1760 chez Ant. Rutgers[2], et enfin à Cologne dans le cabinet Jabach[3].

---

1. Raphaël avait puisé ces traditions chez le Pérugin, qui peignait ainsi ses draperies avec des tons changeants.

2. N° 318, f. 13.

3. Il est possible que Raphaël ait eu d'abord l'intention de représenter dans les *loges* Joseph au moment où ses frères vont le descendre dans la citerne. C'est ce que tendrait à prouver le dessin de la galerie des Offices.

XXVII

JOSEPH ET LA FEMME DE PUTIPHAR [1]

Joseph a été vendu en Égypte, et le voilà aux prises avec la femme de l'eunuque Putiphar. Cette femme s'élance de son lit et veut contraindre son esclave à lui céder. Joseph s'enfuit, elle le saisit par son manteau, et ce manteau va lui rester dans les mains. — Cette fresque, que tout le monde connaît d'après la gravure de Marc-Antoine, est de tous points un chef-d'œuvre. Placé par son sujet entre le ridicule et l'obscénité, Raphaël s'est gardé de ce double danger, et s'est élevé jusqu'aux limites extrêmes du beau. Les sentiments contraires, qui font fuir Joseph et qui entraînent vers lui la femme de Putiphar, sont exprimés avec une clarté et une mesure parfaites. Une couleur chaude et d'un charme inexprimable est répandue sur l'ensemble du tableau. La femme de Putiphar est une Égyptienne, dont la peau brune et fine laisse voir les ardeurs d'un sang enflammé ; son regard est plein de passion ; sa bouche commande et implore à la fois, et le mouvement violent et spontané par lequel elle se porte vers Joseph est superbe. L'arrangement des che-

1. Gen., ch. XXXIX, v. 7 à 12.

veux est également remarquable; et depuis Raphaël,
le secret de ces belles coiffures ne s'est plus retrouvé
que dans les tableaux de Poussin. Quant à Joseph, il
s'enfuit, retourne en même temps la tête vers la malheureuse à laquelle il veut échapper, et lui exprime
une immense douleur et une grande pitié. Quel art
dans ces draperies transparentes et légères, qui accusent avec tant de discrétion les désordres d'une passion
criminelle! Il est impossible de toucher un pareil sujet
avec une plus chaste éloquence. Quel goût, quelle
magnificence, et en même temps quelle simplicité
dans les accessoires! Le voile diaphane qui pend du
lit jusqu'à terre est à lui seul une merveille.

Il n'est pas douteux que Raphaël ait travaillé lui-
même à cette fresque [1].

Les collections Crozat et Th. Lawrence possédaient
chacune un dessin de ce tableau.

XXVIII

JOSEPH EXPLIQUE LES SONGES DE PHARAON [2]

Bien que cette composition comprenne sept figures,
on peut dire qu'on n'y voit que Joseph et Pharaon.
Les autres personnages ne sont que des accessoires

1. L'humidité a malheureusement attaqué cette peinture, et elle
est moins bien conservée que les deux précédentes.
2. Gen., ch. XLI, v. 45 à 32.

nécessaires pour donner toute son importance au sujet principal.

Joseph est debout, vêtu d'une longue tunique bleu foncé, sillonnée de reflets jaunes. Son attitude et son geste sont les plus simples du monde, et tirent précisément de cette simplicité leur excessive grandeur. Absorbé par l'esprit de Dieu, tout son corps est immobile ; son bras droit seul est levé vers le ciel d'où lui vient l'inspiration, et cette sobriété de mouvement exprime au plus haut point les méditations au milieu desquelles il est plongé. — Quant à Pharaon, assis en face de Joseph, il porte à sa bouche l'index de la main gauche, en signe d'attention ; tandis qu'avec les doigts de l'autre main il compte les années d'abondance et de stérilité, par lesquelles ses rêves se trouvent interprétés. — Deux médaillons, placés dans le haut du tableau, rappellent encore ici les songes expliqués par Joseph. — L'architecture qui forme le fond de la fresque manque sans doute de couleur locale et n'est rien moins qu'orientale, mais elle est noble et grande, et ajoute certainement à la beauté de l'ensemble. A travers les portiques ouverts sur la campagne, on voit un magnifique paysage.

En admettant qu'on reconnaisse dans cette peinture[1] la trace du pinceau de Jules Romain, il est impossible de n'y pas voir aussi la main de Raphaël, surtout dans les deux figures principales, et plus particulièrement encore dans celle de Joseph.

1. Cette fresque est bien conservée.

Pour nous résumer sur l'appréciation de l'ensemble des fresques de cette voûte, nous dirons qu'elles témoignent hautement d'une science et d'une verve éclatantes, et qu'elles font le plus grand honneur à Jules Pippi ; mais que cependant il est impossible de croire que, livré à lui-même, ce maître ait pu exécuter de telles peintures. Aucune de ses œuvres originales n'a cette élégance, cette beauté, cette élévation ; aucun des tableaux, aucune des fresques qu'il peignit après la mort du Sanzio, sur les cartons mêmes de ce grand homme, ne se sont conservés avec cette fraîcheur et cette transparence de tons. C'est donc toujours Raphaël qu'il faut nommer d'abord en présence de ces chefs-d'œuvre.

Décoration de la voûte. — Toutes les parties de cette voûte, que n'occupent pas les tableaux, sont ornées de figures en stuc, nues ou drapées, se détachant sur fonds d'or [1].

Arabesques. — La décoration des piliers consiste en un arbre qui s'élève avec légèreté jusqu'au sommet du pilastre, et dont les rameaux, s'étendant de chaque côté, supportent une foule d'oiseaux aux brillantes couleurs. Un homme, agenouillé au pied de cet arbre,

1. Pietro Santi Bartoli a gravé une partie de ces stucs. — A la clef de cette voûte, l'ange qui dans toutes les autres voûtes porte les palmes de Léon X, est remplacé par les armes des Médicis.

regarde ces oiseaux et semble écouter leur ramage[1]. Enfin de beaux bas-reliefs en stuc, suspendus à la tige principale, rompent la monotonie de la ligne droite. Cette arabesque est là comme une volière charmante, où vit avec bonheur tout le peuple ailé et chantant.

Dans l'embrasure du balcon, on admire de beaux trophées de musique. Ce sont quatre groupes d'instruments, superposés et reliés entre eux par des nœuds de rubans. Le goût et la légèreté de cet agencement sont parfaits. Les instruments à cordes, violons, violoncelles et guitares, forment la base de cette symphonie ; tandis que les trois autres groupes, semblables à trois chœurs, sont composés d'instruments à vent. Le dessin et l'exécution de cette arabesque sont évidemment d'un maître, et on en doit faire honneur à Jean d'Udine, dont la science en ce genre était sans égale dans l'école de Raphael[2]. En étudiant avec soin cette peinture, un musicien ou un fabricant d'instruments trouverait sans doute des indications précieuses pour l'histoire et peut-être même pour la pratique de son art. Beaucoup de ces instruments sont maintenant perdus. Il serait intéressant de savoir quelle était leur valeur harmonique, quelle est la cause qui les a fait abandonner, ou s'ils se sont perdus, comme se perdent tant de choses, faute de traditions suffisantes.

---

1. Cet homme est connu sous le nom de l'Oiseleur.

2. On sait que ce fut Jean d'Udine qui peignit les instruments qui forment de si magnifiques accessoires au tableau de la sainte Cécile.

Quant aux hautbois, aux clarinettes et aux trombones, ils sont là tels à peu près que nous les avons aujourd'hui. — Parmi les stucs qui complètent cette arabesque, un groupe de Vénus avec l'amour et une petite figure d'Apollon tenant une lyre ajoutent encore à l'harmonie générale.

Léon X, qui présidait sans cesse aux travaux des *loges*, aimait passionnément la musique, chantait lui-même avec agrément, et encourageait les musiciens avec une extrême libéralité. Gabriel Merino dut à la beauté de sa voix son archevêché de Bari, et François Paolosa, à cause de son talent de musicien, fut nommé archidiacre; enfin le Florentin Pierre Aaron nous apprend, dans son livre intitulé *Toscanella della musica* [1], qu'il se livrait avec assiduité à l'étude de la musique, afin de mériter les faveurs de Léon X. Ce pape dut donc voir avec un vif plaisir les beaux trophées de musique que Jean d'Udine peignit dans les *loges* Vaticanes.

-----

1. Imprimé à Venise, en 1523.

HUITIÈME VOUTE

Moïse paraît, et la vérité éclate ; avec lui l'histoire commence et la tradition finit. Raphaël a consacré dans les *loges* deux voûtes entières à cet homme extraordinaire, qui fut « le premier et le plus grand des prophètes, le plus ancien des historiens, le plus sublime des philosophes, et le plus sage des législateurs [1] ». Moïse, en effet, fut l'âme des Hébreux ; avec lui et par lui leur poésie se développa dans un esprit nouveau.

Israël avait grandi et était devenu tout un peuple. Mais depuis quatre siècles ce peuple était esclave, et pour le laver des souillures de la servitude il fallait qu'il traversât les épreuves du désert. Moïse fut l'instrument que Dieu employa pour délivrer, moraliser et instruire son peuple. L'épopée divine de cet *homme*

---

1. Bossuet.

de Dieu forme la période héroïque de l'histoire des Hébreux ; elle renferme toutes les sources de l'art et de la poésie : la nature, la religion, les mœurs, la législation, tout s'y trouve, et elle a merveilleusement inspiré Raphaël, qui, dans une suite de huit tableaux admirables, a rappelé les phases principales de cette existence providentielle.

La naissance de Moïse est signalée par le merveilleux qui accompagne l'aurore des plus grandes destinées. Un prodige entoure son berceau. Miraculeusement sauvé du Nil par la fille du roi sous lequel gémissait le peuple d'Israël, son nom devait rappeler sans cesse que Dieu l'avait élu pour accomplir la *délivrance*.

Il est instruit dans toutes les sciences de l'Égypte. Puis un acte d'héroïsme le force à fuir dans les déserts de l'Arabie, où il vit quarante ans dans la solitude. C'est là que l'Éternel se déclare à lui, qu'il lui révèle sa vocation de prophète, qu'il l'arme du pouvoir des miracles avec lequel il confondra les mensonges des prêtres égyptiens, et qu'il lui ordonne d'agir.

Ainsi fortifié par Dieu même, Moïse lève le bras pour délivrer son peuple, et il le conduit hors de l'Égypte en le retrempant dans les eaux de la mer Rouge.

Après avoir sauvé les Hébreux, Moïse les pousse en avant et les place au milieu de l'aridité du désert, afin de leur faire mieux sentir leur faiblesse et la nécessité d'une protection divine. Dans ce passage à travers le désert, l'Éternel se manifeste à chaque instant par des prodiges, et *l'eau du rocher* est le type et l'image fondamentale de tous les miracles que Dieu accomplit alors en faveur de son peuple.

Sur le Sinaï, Moïse s'élève au-dessus des hommes et au-dessus des temps ; il voit jaillir la lumière, et briller la sagesse éternelle dans tout l'éclat de sa gloire.

Puis il retombe sur la terre, au milieu de l'insurrection du *veau d'or ;* il voit que le serment de fidélité et d'obéissance à Jéhovah est violé, et avec autant de douleur que d'indignation il brise les tables de la loi.

Mais Dieu ne se décourage pas : il multiplie les merveilles par lesquelles il fortifie les bons; il épouvante les méchants par de terribles châtiments ; et, caché derrière *la colonne de nuée,* il continue de marcher avec Israël.

Enfin, Moïse jette les douze tribus entre les bras d'une providence exclusive, et les attache en un seul faisceau par le lien d'une loi fondamentale. Le *Décalogue,* qui contient les principes immuables de la société humaine, repose sur le nom de Jéhovah ; et ce nom, renfermant les trois temps primitifs *je fus, je suis, je serai,* implique l'idée la plus haute et la plus pure de l'incommensurable grandeur de Dieu. Dans la constitution théocratique de Moïse, c'est la loi qui règne, et non le législateur, c'est la volonté de Dieu même, librement acceptée par la nation et observée par elle sans contrainte. Cette loi apprend aux hommes qu'ils ont été créés libres, qu'ils ne doivent jamais subir l'esclavage, mais s'incliner avec docilité devant les conseils d'une puissance invisible, souverainement bonne et infiniment sage. On a observé avec justesse qu'une pareille loi serait encore aujourd'hui trop avancée de plusieurs siècles. Elle n'en contient pas moins la source des plus nobles croyances que la raison, soutenue par la foi, puisse admettre. Jéhovah étant seul Créateur, toutes les races procèdent de lui, et tous les peuples sont frères. L'avenir de l'humanité est là : et voilà trente-trois siècles et demi que cette pensée sublime et féconde a germé dans un coin ignoré de la terre. Moïse est le plus grand des hommes : il expira sur la bouche de Dieu [1], et Dieu lui-même l'enterra, « et il ne s'est plus élevé en Israël un prophète comme Moïse, que l'Éternel ait entretenu face à face. »

XXIX

MOÏSE SAUVÉ DES EAUX [2]

Le soleil se lève, et les feux de l'aurore inondent d'une lumière dorée les vapeurs matinales qui sortent

1. Herder.
2. Exode, II.

des eaux du Nil. — Les esclaves de la fille de Pharaon, au nombre de cinq, ont découvert au bord du fleuve Moïse couché dans son berceau, et penchées sur cet enfant béni, elles sont en extase et comme en adoration devant sa précoce beauté. — La fille de Pharaon est debout : la tête inclinée sur l'épaule droite, elle regarde avec tendresse le don que Dieu lui fait, et elle ouvre les bras pour le recevoir. Cette figure est d'une grâce parfaite. — Enfin Marie, sœur de Moïse, s'avance, inquiète et attentive, derrière ce groupe.— Outre l'harmonie linéaire, qui fait le charme principal de ce ravissant tableau, la couleur en est d'une grande vérité, le paysage surtout présente une fraîcheur, une légèreté et une dégradation de tons très-remarquables.

Vasari a fait honneur de cette fresque[1] à Jules Romain, tandis que Taja l'attribue, ainsi que les trois suivantes, à Perino del Vaga. Cette dernière manière de voir nous semble la plus vraie, car bien qu'évidemment le talent de l'élève ait été soutenu par le génie du maître, on remarque ici en quelques endroits une timidité et une inexpérience relatives qui ne sauraient appartenir au Pippi.

Le dessin original de ce tableau existait à Rome chez le cardinal Valenti, où Stuard le vit en 1747.— Parmesan fit aussi un fort beau dessin d'après cette fresque. C'est sans doute ce dessin qui servit à Gas-

---

1. Elle est très-bien conservée.

pard Reverdino pour sa gravure, et qui se trouve mentionné dans la collection de sir Thomas Lawrence.

XXX

LE BUISSON ARDENT [1]

C'est une légende tout arabe que celle qui montre Dieu apparaissant à Moïse dans les flammes d'un buisson desséché, au milieu des sables brûlants du désert.

Cette scène, qui est le prélude de la *délivrance*, se passe dans une fraîche oasis, sur les bords d'un ruisseau dont les rives n'ont rien d'aride. La campagne a sa parure d'automne, les arbres sont d'un vert nuancé de rose et de jaune, et le ciel s'étend comme une opale qui, à l'horizon, se change en améthyste. Au fond, sur une hauteur, on aperçoit la ville de Madian. — Moïse est à genoux, la face cachée dans ses mains, car il ne peut soutenir l'éclat de la présence de Dieu. Ses cheveux sont blonds, son teint est hâlé par le soleil, et sa tunique d'un jaune clair présente des reflets bleus et verts. Son bâton de pasteur est à ses pieds. Derrière, on voit paître les troupeaux de Jéthro. — L'Éternel apparaît au milieu du buisson enflammé : il parle à Moïse, se fait connaître

1. Exode, III.

à lui par ces paroles : *Je suis Celui qui suis*, et se révèle par des prodiges terribles... Le temps n'est plus où Dieu, se faisant pasteur avec les patriarches, visitait Abraham comme un ami, où il apparaissait à Jacob endormi comme le chef de la famille humaine. Le Jéhovah de Moïse est moins familier, moins paternel, il s'entoure de terreur et de majesté, et il ne se manifeste que par des symboles éclatants. Encore un pas, et Job ne verra plus l'Éternel que dans les éclats du tonnerre, en attendant qu'Élie l'entende à travers le bruit du vent. La flamme du buisson ardent est donc ici l'image de Jéhovah, et Moïse, se rappelant sans cesse cette première et solennelle apparition, appellera Dieu *un feu dévorant*, et dira : *Le nom de Dieu est dans cette flamme.*

L'exécution de cette fresque [1] est plus libre et plus indépendante que celle du tableau précédent. — Raphaël avait du reste déjà peint ce sujet dans le plafond de la *chambre* d'Héliodore, pour faire allusion à la vocation de Jules II comme libérateur de l'Italie. La peinture des *loges*, bien que de moindre dimension, est plus complète ; elle est en outre mieux conservée.

---

1. On voit qu'elle fut peinte en deux jours.

XXXI

Le passage de la mer Rouge est par-dessus tout le symbole de la *délivrance*. Il a fourni aux psalmistes, ainsi qu'aux Prophètes, leurs élans les plus enthousiastes, et inspiré les chants d'indépendance après les captivités. « Dieu m'a retiré des grandes eaux, » dit David pour résumer tous les dangers de sa vie. Et Osée, faisant parler Dieu lui-même, écrit : « Lorsqu'Israël était enfant, je l'aimais, et je l'ai fait sortir de l'Égypte, comme s'il eût été mon fils [2]. »

Raphaël a choisi le moment où les Hébreux ont passé la mer et sont arrivés sur le rivage, tandis que les Égyptiens, acharnés à leur poursuite, vont disparaître au milieu des flots. Moïse ferme la marche d'Israël, et il est encore avec un certain nombre des siens dans le sillon que l'Éternel leur a tracé, ayant de chaque côté l'*eau pour mur*. Il est armé de cette baguette toute-puissante qui avait déjà changé en sang les eaux des fleuves, couvert la terre de ténèbres, et frappé les Égyptiens de plaies épouvantables. Se retournant vers l'armée de Pharaon, il lève le bras, et

1. Ex., xiv.
2. Osée. ch. ii.

ordonne à la mer de revenir à sa première place. On
voit alors le désordre et l'agonie de cette armée, « avec
sa cavalerie, ses généraux et ses chars [1]. »

Rien n'est plus beau que l'ensemble de cette composition. Quelle abondance ! quelle précision ! quel mouvement ! quelle clarté ! Le geste de Moïse est sublime et
plus grand que nature. On comprend ici que le chef
d'Israël est armé de la puissance même de Jéhovah : il
a la majesté calme et puissante d'un Dieu. Qu'elles
sont belles aussi ces jeunes mères avec leurs enfants :
celle-ci levant les bras vers le ciel, celle-là baisant la
terre qu'elle croyait ne plus revoir, l'une se hâtant de
mettre en sûreté l'enfant qu'elle porte sur sa tête dans
une corbeille, l'autre étendant avec énergie le bras vers
ses ennemis et applaudissant à leur ruine.—Parmi les
Égyptiens, le mouvement des chars en partie submer-
gés est merveilleusement rendu. Les chevaux effrayés
n'obéissent plus à ceux qui les conduisent, et se ca-
brent devant le bouillonnement de la mer : leur mouvement est superbe, et je ne crois pas que l'antiquité,
dans les évocations qu'elle a si souvent répétées d'A-
pollon et de son char, ait rien produit de plus grandiose et de plus élégant que certains groupes de cette
partie de la fresque. — On sait que la délivrance des
Hébreux eut lieu la nuit ; et comme dans le tableau du
Sanzio le drame touche à son dénoûment, on voit paraître à l'horizon les premières lueurs de l'aurore.

1. Ex., xiv, 40.

Déjà la colonne de feu, qui protégeait la retraite
d'Israël, s'est changée en colonne de nuée, et les rayons
du soleil, se levant sur la mer où l'armée de Pharaon
s'anéantit, éclairent le camp des Hébreux, dans lequel
on entend retentir les chants de triomphe de Moïse et
de Miriam.

La main de Raphaël apparaît à chaque trait dans
cette peinture [1].

Le dessin original appartient au musée du Louvre,
il est à lui seul une merveille [2].

XXXII

MOÏSE FAIT JAILLIR L'EAU DU ROCHER [3]

La figure de Moïse, si grande, si calme et si pleine de
foi, au moment où il touche le rocher et en fait jaillir
l'eau, est devenue classique par son extrême beauté.
Quiconque a tenu un crayon s'est pénétré de cette tête
ardente et forte, et ne peut oublier ce geste si simple

1. Elle est encore bien conservée.
2. Ce dessin, comme les plus beaux que possède notre Musée,
est cloîtré dans une boîte hermétiquement fermée, et ne voit la
douce lumière du jour qu'une seule fois par semaine, et pendant
deux heures seulement. — Est-ce ce dessin qui a passé successivement dans les cabinets Jabach, Crozat, Willet, F. J. Duroveray,
T. Dimsdale et Lawrence? Ou bien serait-ce un autre dessin qui
fait partie des collections de l'archiduc?
3. Ex., 17.

et si vrai, ces draperies si noblement arrangées. — Quant aux anciens d'Israël, témoins du miracle, partagés entre l'admiration, la reconnaissance et la crainte, ils s'agitent et s'étonnent, lèvent les bras au ciel, prient avec ferveur et tremblent d'avoir osé douter de l'Éternel. Les draperies à reflets changeants, qui enveloppent ces belles figures, offrent une gamme de tons très-variés et d'une grande richesse. — Enfin, sur le rocher d'Horeb, Dieu lui-même, entouré de ses anges, est visible seulement pour Moïse. Ici Raphaël n'a pas donné de couleur à son Jéhovah, et l'on a souvent critiqué cette blanche apparition ; j'y vois plutôt un artifice de génie, par lequel le peintre a voulu exprimer l'essence invisible de l'Éternel.

Peut-être pourrait-on désirer plus de couleur locale et plus d'aridité dans la nature qui forme le fond de ce tableau. Mais peut-être aussi Raphaël a-t-il voulu faire comprendre la puissance de Dieu qui nourrit son peuple dans le désert, et s'est-il rappelé ce passage du psaume 114 qui résume toute cette époque de la vie d'Israël : « Lorsque Israël sortit de l'Égypte, lorsque
« la race de Jacob se sépara d'un peuple étranger,
« Juda devint le sanctuaire de Dieu, Israël devint son
« empire. La mer le vit et s'enfuit ! — A son aspect le
« Jourdain remonta vers sa source ; les montagnes
« s'élancèrent comme s'élancent les boucs, les collines
« bondirent comme bondissent les agneaux... La terre
« a tremblé devant le regard du Dieu d'Israël, du Dieu
« qui change le rocher en lac et la pierre en source

« vive. » Ainsi dans la plupart de ces tableaux, le ciel
et la terre sont en action ; Dieu intervient toujours, soit
par lui-même, soit par un symbole, ou dans un objet
naturel qui devient le messager visible de sa puissance,
l'*ange de Jéhovah;* tantôt c'est un feu qui brûle et
consume, tantôt c'est un rocher, une eau qui désaltère
et qui fortifie.

C'est avec une vive émotion qu'on retrouve ces
mêmes images jusque dans les profondeurs des catacombes où la main naïve et vénérable d'un martyr a
souvent rappelé l'histoire de Moïse frappant le rocher.
David inspiré avait dit : « Mon Dieu, mon *rocher*,
« mon soutien, mon refuge [1]. » Et Isaïe avait ajouté :
« Je mettrai dans Sion une *pierre* inébranlable, et
« quiconque s'y appuiera par la foi ne sera pas
« ébranlé [2]. » Or, cette pierre que voyait le prophète,
ce rocher que chantait David, c'était Jésus-Christ lui-
même, pour qui les premiers chrétiens devaient donner leur sang avec enthousiasme. C'est ainsi que le
Sauveur, quinze siècles avant sa venue, manifestait
déjà sa présence en Israël. Dans les peintures allégo-
riques des catacombes, Moïse figure le prêtre qui intervient entre Jésus-Christ et les fidèles ; tandis que
l'eau vive qui jaillit du rocher représente la parole
même de l'Évangile qui désaltère et fortifie l'âme du
chrétien, la grâce et la vérité dont toutes les sources
sont en Jésus-Christ.

1. Ps. XVII, 3.
2. Is., XXVIII.

Vasari a encore attribué cette fresque à Jules Romain, mais rien ne semble justifier cette opinion. Nous pensons, nous l'avons dit déjà, que les quatre tableaux de cette voûte ont été exécutés, ou plutôt préparés par Perino del Vaga, car la coopération de Raphaël s'y montre à chaque instant d'une manière tellement évidente, que presque partout l'élève disparaît devant le maître. On verra tout à l'heure, dans les fresques consacrées à Josué, le talent de Perino Buonaccorsi plus à nu, et en regardant comparativement ces peintures, on comprendra dans quelle mesure Raphaël y est intervenu.

Le dessin original de ce tableau, fait à la plume, lavé à la sépia et rehaussé de blancs, se voit à Florence, au Musée des Offices.

Décoration de la voûte. — Dans la huitième voûte, l'ange du milieu est entouré d'une girandole formée de petits génies entrelacés avec des cygnes et entourés d'arabesques dont la délicatesse et la couleur sont du plus charmant effet. La base carrée de cette voûte est également ornée d'une frise où les plus beaux enfants s'ébattent au milieu des plus belles fleurs. Quant aux pendentifs des angles, il sont couverts d'une tente blanche chamarrée de riches décorations.

Arabesques. — Sur les pilastres de cette travée se déroule comme un poème de l'enfance. A la base, deux beaux enfants nus portent des guirlandes de fleurs. Puis, dans une série de bosquets superposés, d'autres enfants se livrent à leurs jeux au milieu des plus frais paysages et des temples les plus élégants. La plupart de ces enfants ont des ailes : sont-ce des amours? sont-ce des anges? Anges et amours, les enfants sont tout cela; ce sont eux surtout qui font aimer, ce sont eux aussi qui font espérer et croire.

Admirons encore ici l'arabesque qui forme l'encadrement de la fenêtre. Est-il rien de plus délicat que les couronnes de laurier qui entourent ces deux têtes de Gorgone et ces quatre beaux cygnes? Est-il rien de plus élégant que ces camées ronds, dans lesquels on voit une Nymphe qui cherche à retenir l'Amour par ses ailes, tandis qu'une autre recule devant la flèche dont le fils de Vénus va lui percer le cœur. Qu'on ajoute à cela les guirlandes de fleurs et de fruits qui bordent, sur des fonds bleus, les chambranles de chacune de ces fenêtres, et l'on concevra l'effet général de cette merveilleuse décoration.

Dans l'embrasure du balcon [1], on remarque deux Satyres, homme et femme, qui se balancent sur un arbre. Au-dessus, c'est un petit fleuve qui arrose la terre de ses eaux; puis, dans un cadre circulaire, un dieu marin qui protége une femme contre la dent d'un monstre. Plus haut, ce sont deux génies qui reçoivent dans des urnes les eaux d'une fontaine; deux beaux

---

1. V. le n° 5 des *stucs* de Volpato.

cygnes, qui boivent dans un bassin circulaire ; deux
Satyres accroupis, portant des vases et des guirlàndes
de fleurs et entourant un médaillon circulaire dans
lequel un beau stuc représente une femme à demi
drapée, emportée par un bouc ; enfin deux paons, qui
dominent tout de leur éclatante parure. On distingue
encore, parmi les stucs de cette arabesque, un bate-
leur disloqué qui a passé ses jambes par-dessus sa
tête, à la manière des *clowns* de notre époque ; un lion
dévorant un agneau, et plusieurs figures qui rappellent les plus charmants motifs que Raphaël aurait pu
voir à Herculanum et à Pompéi, si ces antiques cités
avaient revu le jour deux siècles et demi plus tôt.

NEUVIÈME VOUTE

XXXIII

DIEU DONNE A MOÏSE LES PREMIÈRES TABLES DE LA LOI[1]

Raphaël, perçant la nuée qui pendant quarante jours et quarante nuits couvrit le Sinaï, montre Moïse à genoux sur le sommet de la montagne, s'entretenant avec Dieu face à face, et recevant de lui les tables de pierre écrites de sa main. Rien n'est plus beau, plus sublime, que cette figure de Moïse, dont les traits reflètent toutes les splendeurs de l'Éternel. Si ce n'est pas le Sanzio *lui-même* qui a peint ce chef-d'œuvre, c'est un génie plus haut encore et mieux inspiré, mais que personne n'a jamais nommé ni connu... et qui donc a pu surpasser Raphaël, sinon Raphaël lui-même?

1. Ex., XXIV.

Au-dessus de Moïse, Dieu apparaît au milieu d'une démonstration éclatante de puissance et de majesté. Il est entouré de nuées lumineuses, et ses pieds reposent sur un piédestal de saphir. Ses cohortes enflammées[1] l'accompagnent, faisant tressaillir le désert, et remplissant la montagne d'éclairs et de bruits surnaturels. N'oublions pas que le Jéhovah du Sinaï fut un dieu guerrier, toujours prêt à soutenir son peuple ; que les étoiles elles-mêmes, rangées en bataille autour de lui, combattaient pour Israël[2] ; et que Moïse, pour triompher de la corruption et de l'idolâtrie qui dominaient encore les Hébreux, dut imprimer à sa loi un cachet d'effroi et de terreur. — Sur le flanc de la montagne, Josué, Aaron, Nadab et Abin, qui ont accompagné Moïse, sont en adoration devant l'Éternel qu'ils ne voient pas, mais dont ils comprennent la présence.—Enfin, au pied du Sinaï, on voit les tentes du camp d'Israël, et le peuple hébreu qui s'agite, plein de terreur et d'anxiété. — Toute cette composition est comme remplie de l'essence même de Dieu, et Raphaël a montré une fois de plus qu'il comprenait à la manière des poëtes sacrés les paroles de l'Écriture. Son Jéhovah parle avec le tonnerre ; « la nature entière est remplie d'êtres consacrés à son service ; les cieux sont sa tente, son palais, son temple, son château fort ; la lumière est son vêtement, il s'y enveloppe comme dans un

1. David, ps. LXVIII, v. 18.
2. Juges, livre V, ch. IV, v. 20.

manteau, et il l'étend sur les ténèbres pour faire naître l'aurore [1]. »

Nous pensons qu'après Raphaël c'est à Raffaellino del Colle qu'il faut faire honneur des quatre tableaux de cette voûte. Vasari et Lalande les ont attribués à Perino del Vaga, mais il est difficile de reconnaître là aucun des traits qui rappellent les habitudes de cet artiste. Au contraire beaucoup de figures témoignent de la manière hardie, fine et délicate de Raffaellino; et l'on retrouve dans l'ensemble de ces fresques (surtout dans les figures des plans secondaires, où l'élève paraît davantage en dehors du maître), le goût, la grâce, le soin et le fini que l'homonyme de Raphaël apporta dans toutes ses œuvres [2].

Le dessin original de cette peinture, fait à la plume et lavé, est au musée du Louvre [3].

XXXIV

ADORATION DU VEAU D'OR [4]

Moïse, encore ébloui des rayons de l'Éternel, descend avec Josué des hauteurs du Sinaï. Arrivé sur le

1. Herder.
2. Lanzi a attribué cette fresque à Vincenzio di San Gimignano; mais cette opinion ne nous paraît pas justifiée.
3. Passavant, II, 599. — N° 474.
4. Ex., XXXII.

plateau de la montagne qui domine le camp d'Israël, il aperçoit le peuple qui vient de retomber dans l'idolâtrie ; alors il détourne la tête avec douleur, et brise les tables de la loi. — Quant aux Hébreux, ils occupent tout le premier plan du tableau. Réunis autour du piédestal qui supporte le *Veau d'or*, les uns sont à genoux, levant les bras vers l'idole et lui adressant des prières, les autres dansent autour du faux dieu. Derrière cet autel, un vieillard lève avec énergie les bras vers le ciel, et proteste contre cet acte de révolte et d'impiété. Il représente ici la tribu de Lévi, qui dans cette circonstance resta fidèle au Seigneur, et mérita d'être élue désormais comme tribu sacerdotale. Toutes ces figures, au nombre de vingt, variées d'attitude et d'expression, respirent l'entraînement et la passion ; on sent derrière elles toute une multitude égarée. Les Israélites avaient gardé, comme un vieux levain, l'amour de l'idolâtrie, et le *Veau d'or* n'était qu'un souvenir récent encore des dieux de l'Égypte. On sait que Moïse fit brûler ce fétiche, et que, pour châtier les coupables, il les condamna à avaler la cendre de leur idole.

Il suffit de regarder, dans cette fresque [1], les petites figures de Moïse et de Josué, pour reconnaître la main habile qui peignit dans les *stanze* la *Donation de Constantin* [2].

1. Elle est très-bien conservée.
2. On sait que ce fut Raffaellino del Colle qui exécuta cette fresque dans la salle de Constantin.

Le dessin original se trouve à Florence, à la galerie des Offices.

XXXV

LA COLONNE DE NUÉE [1]

« Tous les enfants d'Israël, voyant que la colonne
de nuée se tenait à l'entrée du tabernacle, se tenaient
eux-mêmes à l'entrée de leurs tentes, et y adoraient
le Seigneur. »

Les tentes des Hébreux sont rangées circulairement
autour de la colonne blanche et lumineuse qui éclaire
le tableau... On sait que dans le passage à travers le
désert, Dieu, voulant servir lui-même de guide à son
peuple et voyager avec lui, cacha sa face derrière une
colonne de nuée pendant le jour, et derrière une colonne de feu pendant la nuit [2]. C'est cette colonne, qui
suivit les Hébreux à leur sortie d'Égypte, et qui s'arrêta comme une infranchissable barrière entre eux et
leurs oppresseurs. Puis la colonne précéda le peuple
dans sa marche, et quand il dut s'arrêter, elle s'arrêta
elle-même à la porte du sanctuaire. Dans cette colonne

1. Ex., xxxiii, 10.
2. La tradition de cette colonne de nuée et de feu pourrait bien
se confondre avec la coutume orientale, qui consistait à porter en
tête des caravanes le feu destiné aux sacrifices. (Herder.)

mystérieuse, Dieu s'enveloppait comme dans un voile impénétrable, et Moïse et Aaron, alors qu'ils n'étaient en sûreté nulle part, trouvèrent toujours près d'elle un refuge assuré... Les Israélites sortent donc de leurs tentes pour adorer le Seigneur, et sur le premier plan Moïse lui-même, enveloppé d'ombre, est à genoux à l'entrée du sanctuaire. Au fond, on aperçoit la mer, qui à l'horizon se confond avec le ciel.—Cette composition est très-simplement, très-hardiment conçue, et je la trouve souverainement empreinte du caractère même de Moïse : elle présente quelque chose de grave, de vaste et même de dur, d'étincelant et d'obscur à la fois.

Malgré les nombreuses dégradations dont cette fresque a souffert, on peut cependant y reconnaître encore la même main que dans les tableaux qui précèdent.

XXXVI

MOÏSE PRÉSENTE AUX ISRAÉLITES LES NOUVELLES TABLES DE LA LOI [1]

Le jour vient de paraître, et de blanches vapeurs s'élèvent de la terre au ciel, couvrant de leur voile transparent les montagnes bleues de l'horizon. — Moïse, ayant à ses côtés Aaron et deux lévites, pré-

1. Ex., xxxiv.

sente au peuple les nouvelles tables sur lesquelles
Dieu a écrit lui - même ses commandements. *La peau
de sa face rayonne* d'une majesté divine, et on croit
l'entendre lorsqu'il s'écrie : « O peuple d'Israël,
« écoute : Jéhovah est ton Dieu, il n'y a qu'un Jé-
« hovah, et tu dois adorer ton Dieu Jéhovah! Aime-le
« avec toute la puissance de ton cœur, avec tout le
« pouvoir de ton âme, avec toutes les forces de ton
« être. » — Les Hébreux se pressent aux pieds de
Moïse, saluant avec enthousiasme Dieu et la Loi, et
jurant de ne jamais se courber devant d'autres maîtres... C'est le dernier acte et le plus solennel de cette
sublime et majestueuse histoire. « La loi de Moïse,
dit Sirach, a fait couler de tous côtés des flots de sagesse, semblable au Tigre, à l'Euphrate, au Nil,
quand ils débordent et fertilisent la terre. »

La composition, le paysage, les têtes, les attitudes,
les draperies, tout est beau dans cette fresque. Que
Moïse est grand! quel art dans tous les personnages
rassemblés devant lui! et combien les figures, age-
nouillées sur le premier plan, ajoutent à la valeur
morale et pittoresque du divin législateur, qui domine
tout, bien que placé sur un plan secondaire.

L'abbé Titi, Pinaroli et de Seine ont vu dans ce
tableau Raphaël lui-même. Pour nous, tout en croyant
à une parenté évidente entre cette peinture et les trois
qui précèdent, nous pensons que si la main du Sanzio
ne l'a pas seule exécutée, elle y a cependant répandu
la grandeur, le sentiment profond et la vie.

Décoration de la voûte. — De belles perspectives d'architecture ornent les pendentifs des quatre angles de cette voûte. C'est un entablement de marbre, supporté par des piliers ornés de pilastres également en marbre, entre lesquels on croit voir de légers oiseaux volant dans l'azur d'un beau ciel. Cette décoration est disposée avec tant d'art, que loin d'écraser les voussures, elle leur donne au contraire plus de légèreté, plus d'air et plus d'élévation.

Arabesques. — Quant à l'arabesque des pilastres intérieurs de cette travée, elle est composée d'un rinceau à peu près semblable à celui qu'on a vu dans la cinquième voûte. C'est toujours la même imitation conventionnelle d'une production de la nature. Cette végétation imaginaire sort d'un *culot*[1] qui semble donner naissance à la plante, que l'artiste a façonnée au gré de son caprice, et dont il a multiplié les circonvolutions avec des variétés infinies de détails, en y semant çà et là des grappes de fleurs et de fruits, en y plaçant aussi des animaux grimpeurs, tels que des écureuils, des singes, des guenons et des civettes[2]. On conçoit avec quelle souplesse et quel agrément cette fantaisie se prête aux décorations courantes des frises d'architecture ou des arabesques destinées à remplir le champ vertical de pilastres tels que ceux

1. Ce *culot* est composé de larges feuilles.
2. Léon X avait un grand nombre de ces animaux dans sa ménagerie, et il se plaisait à regarder leur agilité.

des *loges*. La renaissance avait du reste dans l'antiquité de magnifiques exemples de ce genre d'ornementation, et il suffisait de lire dans Diodore de Sicile la
description du char funèbre d'Alexandre, pour se faire
une idée de ces admirables rinceaux composés d'a-
canthes d'or, qui circulaient autour des colonnes et
s'élevaient insensiblement jusqu'à leurs chapiteaux.

C'est dans les demi-pilastres, qui accompagnent ici
les pilastres engagés dans le mur du palais, qu'on
pourra faire la comparaison de deux vases identiques,
dont l'un est peint par la main d'un maître et l'autre
par la main d'un élève, et comprendre toute la beauté,
le relief et la solidité de la peinture à fresque, mais
aussi à quoi sont exposées l'inexpérience et l'inhabi-
leté. L'un de ces vases est encore éclatant de fraîcheur;
l'autre aurait depuis longtemps disparu d'une manière
complète, sans le *clou* de la fresque qui accuse encore
les contours du dessin.

L'arabesque du balcon est totalement perdue. Quelques stucs ont seuls survécu. C'est ainsi qu'on voit
encore une femme drapée assise sur un tertre, un
groupe de Vénus et de Cupidon, et un autre groupe
de Mars et de Vénus.

DIXIÈME VOUTE

Moïse avait conduit son peuple jusqu'à la porte de la Judée, et malgré le regard de désir et d'espérance qu'il porta toute sa vie vers Chanaan, Dieu ne lui permit pas de toucher cette terre, promise aux enfants d'Israël. Sentant la mort le saisir, il pria l'Éternel d'inspirer un homme capable de comprendre, de continuer et d'achever son œuvre. Mais personne ne fut assez fort pour porter le poids de ce sublime héritage. Éléazar ne fut qu'un prêtre, Josué ne fut qu'un héros, Samuel enfin, malgré ses inspirations prophétiques, n'eut pas l'énergie nécessaire pour ramener les Hébreux aux idées primitives du grand législateur.

Ce fut cependant à Josué que Moïse confia ses dernières volontés ; ce fut Josué que Dieu élut pour reconquérir le pays qui avait été le berceau d'Israël. Josué représente donc ici l'histoire de la conquête et du partage de la Terre promise. Son vrai nom était *Jésus*, et il devait être le *sauveur* d'un peuple. Devant lui, le Jourdain retourna en arrière, les murs de Jéricho tombèrent, et le soleil s'arrêta dans son cours. Cette période de l'histoire des Juifs représente la jeunesse poétique d'une nation nouvellement organisée, passionnée pour la liberté, remplie d'ardeur, d'héroïsme et d'enthousiasme, d'une nation dont la cause était celle de l'humanité, et avec laquelle Dieu ne cessa de combattre [1].

XXXVII

PASSAGE DU JOURDAIN

Les Hébreux, après avoir campé pendant quarante ans dans le désert et perdu six cent mille des leurs, entrent enfin dans la Judée, que Moïse avait montrée à son peuple, comme placée directement sous le regard du ciel.

La colonne de nuée a disparu, c'est maintenant l'arche d'alliance, portée par les prêtres, qui conduit Israël, et c'est devant ce symbole de Jéhovah que les eaux du Jourdain *s'arrêtent et demeurent suspendues.* — L'arche d'alliance était alors le foyer et le palladium de la nation juive ; c'était le temple portatif d'un peu-

1. Quand les Hébreux entrèrent en Judée, ils y trouvèrent, toute palpitante encore, la légende de leurs pères ; la nature entière leur parla d'Abraham, d'Isaac et de Jacob, et les entretint des prodiges dont Dieu avait entouré la vie de ces grands hommes.

2. Josué, III.

ple nomade, où Dieu et la loi habitaient ensemble.
L'Éternel y reposait sur les chérubins comme sur un
trône, c'est-à-dire sur l'intelligence et non sur la matière.

Toute l'armée d'Israël se presse autour de son
sanctuaire ; et au centre de cette armée, Josué est à
cheval, les bras levés vers le ciel, en signe d'actions
de grâces [1]. Rien n'est plus invincible que la marche
de ces cohortes. Il y a là un mouvement et une énergie
d'un irrésistible effet, et des soldats animés d'un tel
esprit vont sûrement à la victoire. Les prêtres qui
portent l'arche avancent, au contraire, avec le calme et
la puissance de la foi, regardant avec assurance l'eau
qui bouillonne et recule devant eux. Enfin, Raphaël a
personnifié le Jourdain sous les traits d'un vieillard à
longue barbe. Ce *fleuve*, assis sur son lit, est superbe :
il maintient avec ses mains les eaux tumultueuses auxquelles il commande, et regarde derrière lui d'un air
de vaincu courroucé. S'il y a là une réminiscence de
l'antiquité, n'y a-t-il pas plus encore une pensée religieuse, qui montre le paganisme vaincu, courbant la
tête et forcé d'obéir au vrai Dieu?... Le soleil domine
cette fresque en son milieu, et dardant d'aplomb ses
rayons les plus vifs sur les armures des soldats et sur
les draperies des lévites, il répand partout une lumière
chaude et variée.

Cette peinture [2], ainsi que les suivantes, sont de

---

1. Les armes des Médicis décorent ici l'étendard des Hébreux.
2. Elle est assez bien conservée.

Perino del Vaga... William Lock a prétendu avoir
retrouvé à Florence, au palais Gaddi, le carton original du *Passage du Jourdain*. Mais on a perdu la trace
de ce précieux monument.

XXXVIII

PRISE DE JÉRICHO[1]

Les murs de Jéricho tombent devant l'arche, au son
des trompettes sacrées. L'arche, c'était Dieu lui-même.
L'Éternel avait dit, en parlant des enfants d'Israël :
« Je serai au milieu d'eux, et j'y habiterai, et je m'y
« promènerai[2]. » Et le pressentiment d'un Dieu plus
intime encore, et d'une religion plus vaste, est contenu
dans ces paroles : « Il n'y a pas de nation qui ait des
« dieux s'approchant d'elle, comme notre Dieu s'ap-
« proche de nous[3]. »
Au fond du tableau, Josué tient l'étendard des Hébreux, tandis qu'à côté les prêtres portent l'arche
d'alliance. L'armée assiégeante occupe le premier
plan. Dans cette armée, les uns prennent l'offensive

1. Josué, VI.
2. Lév., XXVI, 11, 12.
3. Deut., IV, 7.

avec de longues piques, les autres avancent en se couvrant de leurs boucliers et en faisant la *tortue*. A droite, deux jeunes hommes battent la marche sur des timbales : ce sont deux figures du plus beau caractère. — Enfin, la perspective des remparts qui s'écroulent est fort bien rendue.

L'ensemble de ce tableau [1], qui trahit plus d'une réminiscence des bas-reliefs antiques, présente la correction et la science de dessin que nous avons admirées déjà dans la fresque précédente.

Les collections de l'archiduc d'Autriche possèdent un dessin de cette peinture. Mais ce dessin n'est pas considéré comme étant de la main de Raphaël.

XXXIX

JOSUÉ ARRÈTE LE SOLEIL [2]

Les Amorrhéens ayant comblé la mesure de leurs iniquités, l'Éternel en fit un grand carnage près de Gabaon. La bataille, qui avait commencé au point du jour, se prolongea pendant la nuit, et le soleil et la lune, témoins des exploits d'Israël, s'arrêtèrent, frappés d'admiration, pour donner aux Hébreux le

1. Cette fresque a beaucoup souffert.
2. Josué, x.

temps d'achever leur victoire. Dieu et la nature com-
battirent encore en ce jour pour les Hébreux, et une
grêle de pierres extermina, dans leur fuite, les ennemis de Jéhovah.

La fresque des *loges* nous montre les Amorrhéens
terrassés et les Israélites qui en font un affreux carnage. Dans le fond, Josué est près de l'arche d'alliance, dominant tout de sa puissance, étendant les
bras vers les astres avec autorité et disant : « Soleil,
« arrête-toi sur Gabaon ! lune, n'avance point sur la
« vallée d'Aïalon ! » A gauche, on aperçoit le roi de
Jérusalem, Adonisédech, qui tend vers Josué des mains
suppliantes.

Cette fresque a bien souffert de l'humidité, mais si
la couleur est maintenant sans harmonie, on peut encore juger du dessin et de la composition, et se convaincre que sous ce double rapport elle est un chef-
d'œuvre qui défie la science humaine la plus exercée.
Raphaël a su là, dans un espace étroit, exprimer avec
clarté la scène la plus vaste et la plus confuse. Il n'y
a pas moins de quarante figures dans ce tableau, toutes
variées d'attitude et d'expression, nues pour la plupart, et que Michel-Ange lui-même n'aurait pu dessiner avec plus de perfection. Regardons, vers la
gauche, ce père qui entoure son fils de ses bras,
en lui faisant un rempart de son corps. Considérons
plus loin la tête du cheval de Josué, si ardente de mouvement et si belle d'expression, qu'elle rappelle d'un
seul trait toute l'admirable description de Job. Voyons

sur le premier plan, ces soldats renversés, qui se font encore un rempart de leurs boucliers : quelle noblesse et quelle poésie dans l'agonie de ces vaincus ! Examinons tout enfin, pour nous bien pénétrer de cette vérité, que Raphaël a été grand dans tous les genres, et que si la douce figure de la Vierge lui a inspiré d'inimitables chefs-d'œuvre, le Dieu des batailles a également enflammé son esprit et guidé sa main.

Le carton de ce tableau se trouvait au palais Gaddi avec celui du passage du Jourdain, et était aussi, dit-on, de la main de Jules Romain. On ignore ce qu'est devenu ce carton.

XL

PARTAGE DE LA TERRE DE CHANAAN [1]

Après quarante années de luttes et de souffrances, les Hébreux vont enfin prendre possession de la terre où reposent leurs aïeux, et Josué, suivant l'ordre que l'Éternel lui avait transmis par Moïse, s'en remet au sort pour partager la conquête entre les tribus.

A gauche, Josué, assisté du grand prêtre Éléazar, préside au partage : il est assis sur un trône, au-dessous d'un dais vert et blanc, sur lequel on lit : *Sena-*

1. Josué, xiv.

tus consulto... le souvenir de l'antiquité est invincible à cette époque de la renaissance. — Quant à Éléazar, son costume manque également de vérité ; c'est plutôt celui d'un évêque chrétien que celui d'un prêtre d'Israël. — Les représentants des tribus se tiennent de l'autre côté du tableau, inquiets, heureux ou mécontents, suivant la part que le sort leur adjuge [1]. — Devant eux, un bel enfant nu tire d'une urne le nom des pays, selon qu'il plaît à Dieu d'en disposer. — La nature, qui forme le fond de ce tableau, est accidentée et pittoresque. On y remarque quelques belles fabriques italiennes.

Le dessin original de cette fresque, exécuté à la plume, lavé et rehaussé de blancs, a appartenu au roi d'Angleterre Guillaume IV [2].

Toutes les peintures de cette voûte présentent une identité parfaite de style et de manière. Elles tiennent à l'école romaine, par les racines profondes qu'elles ont dans les marbres antiques ; mais le dessin du nu, surtout dans les membres et les articulations, démontre une éducation toute florentine, et désigne d'une façon évidente l'artiste qu'on a nommé *le plus grand*

---

1. On sait que la tribu de Juda fut la mieux partagée : c'était elle qui avait constamment marché à la tête des armées d'Israël et qui avait pris Jérusalem, l'ancienne Salem où Melchisédech avait régné au temps d'Abraham.

2. En général, les dessins que Raphaël exécuta pour les fresques de la Bible sont ainsi faits à la plume, puis lavés et rehaussés de blancs pour indiquer les lumières. On peut même suspecter l'originalité des dessins exécutés par d'autres procédés.

dessinateur après Michel - Ange. Raphaël semble s'être effacé dans ces tableaux plus que dans les autres ; et bien qu'on n'y puisse encore méconnaître la trace de sa main (surtout dans la fresque de *Josué arrêtant le soleil*) , il paraît certain que c'est Perino del Vaga qu'il faut désigner ici. C'est donc probablement à tort qu'on a attribué à Jules Romain les deux cartons du palais Gaddi, car il est difficile de retrouver dans les tableaux de cette travée les qualités et les défauts du peintre de *la Bataille de Constantin* , tandis qu'au contraire tout y rappelle les fresques de Gênes au palais Doria. Quelque respect que j'aie d'ailleurs pour le talent de Perin Buonaccorsi, je ne puis me ranger à l'avis de Taja, qui considère, dans les *loges*, les peintures consacrées à Josué comme supérieures à toutes les autres ; et, selon moi, quand Vasari s'écrie en parlant de ces fresques, *non poter farsi nè imaginarsi di fare più bella opera*, et que Lanzi renchérit encore sur cet éloge, ces critiques éminents ont été entraînés par leur patriotisme, plus encore que guidés par leur goût.

Décoration de la voûte. — En dehors des tableaux qui la décorent, cette voûte est ornée de peintures simulant des mosaïques, et représentant des chimères ailées qui combattent des lions et des léopards... Une des qualités les plus précieuses de l'arabesque, c'est de pouvoir recouvrir toujours avec une harmonieuse

symétrie les espaces les plus irréguliers et les plus
ingrats. C'est ce qu'on voit dans les voûtes des *loges*,
où les pendentifs des angles sont partout remplis
d'idées gracieuses et variées, qui égaient l'esprit,
sans le détourner des sujets principaux sur lesquels
il doit se fixer.

Arabesques. — Quant aux arabesques de l'intérieur
de la *loge*, ce sont des figures d'assez grande dimension qui en font surtout les frais. A la base, un homme
entoure deux femmes de ses bras, et porte sur sa tête
une corbeille de fleurs. Au-dessus, une draperie relie
ce premier groupe à un second, composé de deux
hommes, qui s'appuient d'une main sur la tête d'un
animal chimérique, et qui de l'autre main supportent
un petit temple, où deux femmes drapées accourent
avec des guirlandes de fleurs dont elles vont entourer
leur idole. L'entablement de ce sanctuaire est porté
par quatre colonnettes à chapiteaux corinthiens et
surmonté de deux sphinx égyptiens. Plus haut, les
médaillons en stuc sont accompagnés de griffons,
d'amours, de cygnes, de festons et de fleurs. — Le
demi-pilastre est orné d'un léger rinceau qui sert
d'asile à de nombreux oiseaux. Rien de mieux em-
ployé que ces ornements dans les *loges :* ils sont toujours simplement conçus, et l'on saisit avec facilité
l'esprit de leur agencement ; aucun embranche-
ment n'est sans raison d'être, aucun accident sans
cause, et les feuilles, toutes chimériques qu'elles sont,

répondent généralement à la plante qui les produit.

Dans l'embrasure du balcon, on distingue encore, au milieu des débris de l'arabesque, des paysages, et parmi les stucs, des sacrifices, avec des figures d'hommes et de femmes nus ou drapés, debout ou assis... L'envie qui, à ce qu'il paraît, n'a chômé dans aucun temps, a été jusqu'à prétendre que Raphaël avait fait copier les plus beaux ornements des Thermes de Titus, et qu'après les avoir reproduits dans les *loges* Vaticanes, il les avait fait anéantir. C'est là une fable absurde et calomnieuse, que repousse tout ce qu'on sait de la vie et du caractère du Sanzio, et que met d'ailleurs à néant la comparaison facile à faire, entre les arabesques des Thermes de Titus gravées par Carletti [1], et celles du Vatican gravées par Volpato. Dans les *loges*, tout est dans le goût de l'antique, et appartient cependant à la renaissance. Plus on regarde, et plus on demeure convaincu que si Raphaël s'est inspiré des anciens, c'est bien cependant de son propre génie qu'il a tiré ces brillantes inspirations. Personne avant lui n'avait ainsi réalisé, avec les éléments sans liens de la fantaisie, un ensemble où la méthode domine la variété. Une vie exubérante et folle circule avec abondance au milieu du dédale infini de ces caprices; mais l'ordre et la symétrie, sans se montrer nulle part, sont partout; et les dieux et les déesses,

1. Roma, 1776.

les héros et les nymphes, les tritons et les sirènes,
les animaux et les monstres, et tous les rêves dorés de
l'art et de la nature, s'accordent en une incomparable
harmonie.

ONZIÈME VOUTE

DAVID

Samuel venait de préparer une ère nouvelle au peuple juif. Il avait été le père et le juge d'Israël, et, le premier depuis Moïse, il avait songé aux institutions politiques. La poésie nationale fit entendre alors des accents libres et fiers, et « les hauts lieux de Jéhovah retentirent des chants des prophètes. » Les psaumes sortirent de cette époque de grandeur et de liberté.

Mais tout passe, et le temps des juges était passé. Le peuple juif demandait un roi, et Dieu, après avoir désigné Saül, indigne d'un si grand rôle, élut un simple pasteur qu'il prit dans la tribu de Juda, d'où 1055 ans plus tard devait sortir le Messie. David « fut grand roi, grand conquérant, grand prophète, digne de chanter les merveilles de la toute-puissance divine, homme enfin selon le cœur de Dieu, comme il se nomme lui-même, et qui, par sa pénitence, a fait même tourner son crime à la gloire de son créateur[1]. »

1. Bossuet. *Hist. univ.*

Il régna sur un état théocratique, où le roi tenait la place de Dieu : aussi son langage est-il toujours sacerdotal. C'est au nom de l'Éternel qu'il rend la justice et qu'il fait la guerre, puis il courbe le front devant la loi, comme le dernier de ses sujets. Trop préoccupé peut-être des intérêts de sa race pour asseoir sur des bases solides la loi de Moïse, il se contenta de l'entourer du charme d'un lyrisme entraînant.

L'inspiration de David n'est plus celle des juges, elle n'en a ni la rudesse ni l'énergie. Elle représente surtout une époque de gloire et d'ordre public, où la conquête remplit tout l'Orient du nom de Jéhovah, mais où le gouvernement intérieur ne cesse d'être paternel et doux. Il y a sans doute moins de vie et d'animation dans ces accents, la voix du peuple s'efface et disparaît devant celle du roi, on entend sans cesse la monotone harmonie d'une pensée unique et souveraine ; mais la poésie gagne alors en dignité sacerdotale ce qu'elle perd en force naturelle et collective. David sanctifia la musique et la poésie qui commençaient à se lier étroitement, il augmenta par l'une la puissance de l'autre, et son règne vivra éternellement dans les psaumes.

XLI

SACRE DE DAVID[1]

La scène se passe à Bethléem, dans la maison
d'Isaï, au milieu d'une salle fort simple, éclairée en
son milieu par une grande fenêtre, à travers laquelle
on aperçoit la campagne. — Samuël, tenant en main
la corne pleine d'huile, sacre David au milieu de ses
frères. — David s'incline avec docilité. C'est un simple pasteur qu'on vient d'arracher à son troupeau; il
se soumet humblement à la dignité que Dieu lui impose, et plus tard, dans ses psaumes, il se souviendra
des sources où son génie puisa ses premières inspirations. On a en effet très-justement observé que le
lyrisme de David avait ses racines dans la nature, et
que les psaumes, simples fleurs des champs écloses au
milieu des pompes royales, étaient un perpétuel écho
de la jeunesse pastorale du poëte[2]. — Isaï, placé
près de David, contemple avec une respectueuse admiration celui que Samuël, juge et prophète élu pour
pour sacrer les rois, vient de déclarer *l'oint du Seigneur*. — Enfin, les fils d'Isaï semblent jaloux et en-

1. Rois, i, 16.
2. Herder a commenté le règne et la poésie de David dans des
pages qui vivront autant que les psaumes.

vieux de la préférence que Dieu vient d'accorder à leur frère : quatre d'entre eux préparent le sacrifice, tandis que les trois autres se tiennent près de leur père.

Nous pensons que c'est encore avec raison qu'on attribue à Perino del Vaga les tableaux de cette voûte. La conception de cette première fresque [1] est aussi simple et aussi claire que possible. Mais l'exécution en est relativement faible, sans doute parce que l'élève y est plus en dehors du maître que dans les autres; et sans doute aussi parce que le maître a été moins bien inspiré par un sujet dont l'intérêt, il faut en convenir, est médiocre, en comparaison des grands souvenirs de la Genèse et de l'Exode.

XLII

DAVID TUE GOLIATH [2]

Pour prouver devant Israël sa vocation à la royauté, David devait accomplir un acte prodigieux, et triompher, lui, simple pâtre désarmé, du Philistin Goliath. — Le géant est abattu et couché à terre, couvrant de sa masse inerte la plus grande partie du champ de la fresque. Une simple fronde et quelques cailloux du

1. Cette peinture est bien conservée.
2. Rois, I, 17.

torrent ont suffi pour triompher de sa redoutable et pesante armure. — David s'est emparé du glaive de son ennemi, et il soulève des deux mains cette arme avec laquelle il va trancher la tête de Goliath.— A la vue de ce prodige, le désordre se met dans les rangs des Philistins, et les Hébreux, redoublant d'ardeur, en font un grand carnage. — Cette action se passe sur une prairie d'un vert un peu cru. Au fond, des roches grises se perdent dans le ciel, qui se pare de nuances roses et jaunes à l'horizon.

La gravure de Marc-Antoine [1] a popularisé le dessin de Raphaël. — Bien que cette fresque ait beaucoup souffert de l'humidité, il est facile de voir que, comme peinture, elle est supérieure à la précédente. C'est cependant la même main qui a exécuté ces deux tableaux; mais le dernier, avec ses nombreuses figures en mouvement, convenait mieux sans doute à la nature du talent de Perino Buonaccorsi.

On trouve, dans les collections de l'archiduc, un dessin qui rappelle les principales figures de cette fresque.

---

1. Bartsch, t. XIV, n° 12.

XLIII

David, maître de Jérusalem, en avait fait la cité de Dieu. Après avoir poussé ses conquêtes jusqu'à l'Euphrate, il désigna, pour bâtir le temple, la montagne même où Abraham avait été sur le point d'immoler à l'Éternel son fils unique, et consacra à ce temple les dépouilles des peuples et des rois vaincus.

Raphaël a supposé que David, voulant faire honneur à Dieu de ses conquêtes, porte en triomphe sur la montagne sainte tout son riche butin. Le Roi-Prophète, tenant en main sa harpe d'or, est debout sur un char triomphal traîné par deux magnifiques coursiers blancs que rien ne dirige et que rien n'attelle[2]. Il est suivi par l'armée d'Israël. Les rois vaincus, désarmés et vêtus en esclaves, marchent à côté de son char, tandis que devant on porte les étendards, les armures et les vases d'or, d'argent et d'airain, provenant de ses conquêtes sur la Syrie, sur Moab, sur les Ammonites, sur les Philistins, sur Amalec et sur Adarezer, fils de Rohob et roi de Soba.

Cette belle composition, grandiose et solennelle avec

1. Rois, ii, 8.
2. De pareils exemples sont fréquents dans les triomphes antiques.

simplicité, semble animée de l'esprit musical et poétique de David. Conçue dans le goût de l'antique, elle
émane d'une source pure à laquelle l'art des anciens
n'a pas pu puiser. Raphaël a réchauffé l'idéal des
marbres grecs et romains au foyer brûlant de ce
psaume vraiment royal, qui célèbre la gloire de David
et annonce à ce roi, *le plus grand des rois,* qu'après
avoir triomphé de ses ennemis, il reposera dans l'é-
ternité à la droite de Dieu. « Jéhovah a dit au roi :
« Assieds-toi à ma droite, jusqu'à ce que j'aie défait
« tes ennemis, et que je t'en aie fait un marchepied.
« — Du haut de Sion, Jéhovah étendra le sceptre de
« ta puissance, il te dira : Sois roi au milieu de tes
« ennemis. — Des offrandes volontaires te suivront
« au jour de ta magnificence de vainqueur sur mes
« montagnes sacrées ; semblable à la rosée, je t'ai
« engendré pour moi, du sein de l'aube matinale [1]. »
Cette fresque [2] est peinte avec infiniment plus de
finesse et d'indépendance que les deux tableaux qui
précèdent, et il semble probable qu'ici le maître est
intervenu directement. Raphaël a voulu sans doute
imprimer lui-même à cette peinture l'harmonie dans
la grandeur et dans la force. La fresque de *David
terrassant Goliath* accuse une exécution plus florentine
que romaine, tandis que le *Triomphe de David* fait
comprendre davantage les hautes tendances de l'école
du Sanzio.

1. Ps. cix.
2. Elle est dégradée par l'humidité.

XLIV

DAVID ET BETHSABÉE [1]

David fut à la fois un héros et un saint, mais il eut les faiblesses de l'homme ; il oublia Dieu pour un peu de temps, et Dieu le châtia rigoureusement ; puis il fit pénitence et fut pardonné.

Le palais de David occupe le fond du tableau, tandis que la maison d'Urie le Héthéen se trouve à l'angle gauche de la fresque. Une rue sépare cette maison du palais de David, et dans cette rue, les légions de l'armée d'Israël défilent devant leur roi. David est donc au fond du tableau, assis dans la *loge* de son palais [2] : il n'accorde aucune attention à ses troupes, car il a aperçu Bethsabée, et absorbé dans la contemplation de cette beauté, il écarte les bras en signe d'admiration et de convoitise. — Quant à la femme d'Urie, elle vient de sortir du bain ; elle est encore presque nue, et, assise au premier plan sur la terrasse de sa maison, elle dénoue ses cheveux au grand air [3]. Elle est vue de profil, et une simple dra-

---

1. Rois, II, 11.
2. La construction de ce palais est tout italienne.
3. Ainsi placée, elle est également visible pour David et pour les soldats qui passent devant sa maison. C'est là, sans contredit, un défaut de convenance et de perspective.

perie tombe de l'épaule gauche sur la partie inférieure du corps. C'est dans cette figure que se résume tout l'intérêt de la composition. Cette Bethsabée, d'un superbe dessin, est peinte avec une hardiesse et une suavité telles, qu'il nous semble certain que la main seule de Raphaël a eu la puissance nécessaire pour évoquer une aussi admirable apparition. Il suffit, du reste, pour s'en convaincre, de regarder comparativement cette femme et les soldats qui passent devant le palais de David : dans l'une, le pinceau de Raphaël est aussi évident, que dans les autres celui de Perino del Vaga.— Si donc, c'est surtout Perin Buonaccorsi qu'il faut voir dans les deux premiers tableaux consacrés dans les *loges* à l'histoire de David, c'est surtout le Sanzio qu'il faut reconnaître dans les deux derniers.

Décoration de la voûte. — Une perspective d'architecture fait encore ici les frais de la décoration des pendentifs des angles de la voûte. C'est un appareil plein de grandeur et de simplicité, qui figure un balcon surmontant un entablement supporté par des colonnes doriques.

Arabesques.— L'arabesque intérieure de la *loge* est formée par un arbre chimérique qui s'élance du bas des pilastres jusqu'en haut. De distance en distance, des branches chargées de fleurs et de fruits sortent du tronc

de cet arbre, et sur ces rameaux odorants sont venues
se poser toutes les bêtes à plumes que rêve et poursuit
le chasseur. On reconnaît le faisan, la perdrix, la
caille, le becfigue, l'alouette, etc. Un porc-épic étale
ses mille pointes au pied de cet arbre dans le haut
duquel sont suspendus des camées qui font un effet
charmant au milieu des feuillages et des fleurs. — A
côté, sur les demi-pilastres qui flanquent le pilastre
principal, on voit deux belles petites figures en stuc,
dont les cadres se détachent au milieu de rinceaux dans
les méandres desquels courent des léopards.

L'arabesque qui orne les côtés des piliers formant
l'embrasure du balcon, consiste en un trophée de
pêche. Une végétation marine est là comme une amorce
enchantée à laquelle sont venus se prendre les pois-
sons, les mollusques, les crustacés et les coquil-
lages. L'huître, la poulpe, la crevette, le homard, la
sole, etc., s'accordent en un harmonieux ensemble.
Parmi les stucs qui complètent cette décoration, on
remarque des cavalcades qui rappellent celles du Par-
thénon [1].

Léon X était grand amateur de chasse et de pêche,
et ces arabesques durent flatter particulièrement son
goût. On sait avec quel bonheur ce pontife se retirait
à sa villa de Magliana, où les bêtes fauves et les oiseaux
de marais étaient toujours en grand nombre ; avec

---

1. Dans le soubassement, une naïade joue avec un jeune triton
au milieu des roseaux.

quel empressement il se rendait aussi chaque année à
Viterbe, dont les environs abondaient en perdrix, en
cailles et en faisans, et avec quel plaisir il s'abandon-
nait, sur les eaux du beau lac de Bolsene, aux paisi-
bles émotions de la pêche.

DOUZIÈME VOUTE

SALOMON

Ce fut sous le règne de Salomon qu'Israël s'éleva
à sa plus grande puissance. Les bienfaits de la paix
vinrent alors répandre l'abondance sur tout le terri-
toire qui s'étend depuis l'Euphrate jusqu'à la Médi-
terranée, et depuis le Liban jusqu'au désert; et ce
mot *le règne de Salomon* passa bientôt en proverbe,
chez les Hébreux et chez les autres peuples, pour
désigner tous les temps heureux. « Tant qu'il régnera,
« la justice fleurira... Les rois de Tarsis et des côtes
« éloignées lui apporteront des présents; les rois de
« Saba et de Seba lui rendront hommage par des dons;
« tous se prosterneront devant lui, tous les peuples le
« serviront... Voilà comment il vivra!... Pour lui on
« priera sans cesse, on le bénira chaque jour... Sa
« gloire durera pendant des temps éternels; tant que
« durera le soleil, on prononcera son nom; et tous les
« peuples se féliciteront en son nom, et ils le béni-

« ront[1]. » — Malheureusement le psaume présente
un idéal bien au-dessus de la vérité. Salomon ne réa-
lisa qu'une partie des espérances qu'il avait fait naître :
sa sagesse dégénéra bientôt en raffinements voluptueux,
et ses magnifiques prodigalités achevèrent de dissou-
dre les fortes institutions de Moïse.

XLV

SACRE DE SALOMON [2]

De même que dans la voûte précédente le prophète Samuel sacrait David, de même dans celle-ci
le grand prêtre Sadoc sacre Salomon. Seulement ici
la scène a plus de grandeur, elle se passe, non dans
un lieu fermé, mais en présence de la nature, près de
la fontaine de Gihon, et l'élu du Seigneur, au lieu d'être
un simple pâtre, est le fils d'un grand roi. — Salomon, richement vêtu, s'incline pour recevoir l'huile
sainte que Sadoc répand sur sa tête. C'est une jolie
figure, dont la jeunesse contraste avec l'austérité du
grand prêtre. — A droite, sont le prophète Nathan,
Banaïas, fils de Joïada, et les serviteurs de la maison
de David. Ceux-ci lèvent les bras vers le ciel, et ac-
clament avec enthousiasme leur nouveau roi. — A

1. Ps. LXXII.
2. Rois, III, 1.

gauche, deux palefreniers tiennent la mule de Salomon. — Enfin, sur le premier plan, une grande figure dans le goût de l'antique est assise à terre et appuyée sur un tigre ; elle représente le fleuve qui formait alors la frontière orientale du royaume d'Israël. A part cette dernière figure, toutes les autres sont debout, et bien que le sentiment qu'elles expriment soit identique, on sent qu'elles ne vivent pas d'une vie banale et commune, mais que chacune a son caractère personnel, sa physionomie propre et originale. — Des montagnes boisées, couronnées de fabriques, forment l'horizon de ce tableau.

L'abbé Titi et Pinaroli ont attribué cette peinture[1] à Jules Romain, tandis que Taja et Lanzi la donnent à Pellegrino de Modène. Nous nous rangerons de préférence à cette dernière opinion. Rien ici n'indique la science de Jules Romain. Cette fresque, médiocrement peinte, est en outre mollement dessinée, et quel que soit l'élève qu'on veuille nommer, il est certain qu'il a été abandonné par le maître à ses propres forces.

---

1. **Elle** est bien conservée.

XLVI

JUGEMENT DE SALOMON [1]

Ce sujet avait été traité déjà, ou plutôt indiqué seulement dans le plafond de la chambre de la *signature*; ici, Raphaël a développé sa pensée avec une précision et une netteté sans égales. — Salomon, vu de profil et étendant la main pour ordonner que l'enfant vivant soit coupé en deux, présente des traits dont la jeunesse et la pénétration sont d'un grand effet. L'arrêt qu'il a prononcé va recevoir son exécution, et la vraie mère s'élance vers le bourreau, pour arrêter son bras. Alors, parmi les assistants groupés à la gauche du roi, un jeune homme recule, rempli d'effroi et ne comprenant rien à l'épreuve que veut tenter Salomon; tandis que des vieillards regardent avec sécurité, certains que la vérité va se faire connaître, et que le meurtre de l'enfant ne s'accomplira pas. — On ne saurait désirer un tableau mieux composé, plus beau dans son ensemble et dans chacune de ses parties. Ce dessin est plus concis et plus clair que la parole, et rien ne pourrait rendre avec une telle éloquence l'énergie maternelle de cette femme, qui se précipite vers son fils pour le préserver de la mort. La composi-

1. Rois, III, 3.

tion de Poussin, malgré ses remarquables qualités,
n'a pas cet irrésistible mouvement ; le drame y est
plus académique, il n'a pas la même spontanéité, et
ne marche pas aussi rapidement vers son dénoue-
ment.

Cette fresque [1] est, à tous égards, supérieure à la
précédente : le dessin est plus serré, plus correct, la
peinture est plus solide et plus harmonieuse ; cependant dans l'une et dans l'autre on suit la trace du
même pinceau. On peut donc également attribuer à
Pellegrino de Modène ce dernier tableau ; à la condition de reconnaître en même temps que Raphaël lui-
même est intervenu, qu'il a repris le travail de l'élève,
et qu'il a donné à cette peinture, par des touches
hardies et pleines de grâce, son exquise beauté.

XLVII

CONSTRUCTION DU TEMPLE DE JÉRUSALEM [2]

« Les mains de Salomon, pures de sang, furent
jugées dignes de bâtir le temple de Dieu [3]. » Ce roi,
prenant le tabernacle pour modèle, n'ajouta au plan

1. Elle est altérée vers la droite.
2. Rois. iii, 5.
3. Bossuet.

de Moïse que la grandeur et la magnificence, et l'unité de Dieu fut démontrée par l'unité de son temple.

Deux groupes distincts expliquent toute la pensée de cette composition. — Au fond, sous un portique déjà construit, Salomon, entouré de ses conseillers, se fait expliquer les plans du temple. Dans cette partie de la fresque, les personnages sont calmes, graves et réfléchis : ce sont eux qui pensent, les autres agissent. — Sur le premier plan, les ouvriers luttent contre la matière, déployant dans leurs pénibles travaux tous les ressorts de leurs muscles, tout leur courage et toute leur activité. Certes, la main qui a tracé ces figures défie l'habileté des plus habiles et la science des plus savants. Regardez ces quatre tailleurs de pierres, et cet homme aux prises avec la planche de bois de cèdre qu'il veut scier en deux [1] : est-il rien de plus admirable que ce dessin, qui montre tous les jeux d'une musculature puissante sans ostentation? Peut-on concevoir une plus belle anatomie, des raccourcis plus justes et plus simples en même temps, plus de noblesse dans le travail et plus d'élégance dans la force?... Et à la droite du tableau, comme on sent aussi l'effort de ces deux bœufs qui traînent le fardeau auquel ils sont attelés! Il y a dans tout l'ensemble de cette peinture une vie et une animation extraordinaires.

Si tout à l'heure le dessin relativement faible du

1. On remarque certaines analogies entre cette figure et celle de l'aîné des fils de Noé dans la *construction de l'arche*.

Sacre de Salomon excluait le nom de Jules Romain, on trouve dans la *construction du temple de Jérusalem* un luxe de science qui autorise parfaitement à nommer le chef de l'école de Mantoue. Et cependant la couleur de cette fresque paraît plus belle que n'est ordinairement celle de Jules Romain. A travers les sels nitreux que l'humidité a déposés sur ce mur, on voit encore des tons vigoureux et chauds, des oppositions heureuses sans être heurtées, qui semblent appartenir à un pinceau plus ample et plus délicat... Dans le doute, rendons toujours à César ce qui appartient à César, et par-dessus tous les noms que la critique a mis au bas de chacune de ces pages immortelles, plaçons avant tout le nom de Raphaël.

XLVIII

SALOMON ET LA REINE DE SABA [1]

Raphaël nous introduit ici au milieu des splendeurs du palais de Salomon, si magnifiquement décrites par l'Écriture. — Des arcades ouvertes sur la campagne laissent pénétrer dans l'intérieur de l'édifice un jour éclatant; et cette manière d'éclairer le tableau donne d'autant plus de relief aux personnages, qu'ils se trou-

---

1. Rois, iii, 10.

vent alors enveloppés de lumière, tandis que le fond
sur lequel ils se détachent reste dans l'obscurité. —
La reine de Saba s'élance vers Salomon, qui se lève et
lui fait un accueil empressé. Neuf esclaves Éthiopiens
des deux sexes déposent aux pieds du roi d'Israël la
myrrhe, l'encens, l'or, les pierres précieuses et toutes
les richesses de l'Arabie. Le mouvement qui porte la
reine de Saba vers Salomon est plein d'entraînement
et d'enthousiasme. On sent l'admiration passionnée de
cette femme qui croit voir la Sagesse face à face, et
qui veut l'étreindre dans ses bras. Cette figure est d'un
très-beau dessin et d'une ravissante couleur ; les chairs,
chaudement éclairées, sont palpitantes d'émotion, et
il paraît difficile d'admettre qu'un autre pinceau que
celui de Raphaël ait pu imprimer à la fresque une vie
si ardente et si forte. La curiosité, mêlée de respect,
avec laquelle les esclaves de la reine de Saba regardent Salomon, est également bien rendue. La main du
Sanzio nous semble manifeste encore dans la charmante figure de jeune fille qui porte un vase rempli
d'or. Quant aux trois personnages qui entourent le roi
d'Israël, ils présentent des types du plus beau caractère : il faut remarquer surtout le dessin du raccourci
de celui qui, vu de dos et placé sur le premier plan,
étend le bras vers la reine de Saba.

Cette peinture[1] révèle à la fois un grand dessinateur
et un grand coloriste. Les formes les plus belles et les

1. Elle est bien conservée.

plus nettement accusées sont parées des couleurs les
plus riches et les plus harmonieuses; le relief et le
modelé des figures sont admirables, les ombres et les
lumières sont jetées partout avec une abondance et une
sûreté de coup d'œil qui défient la science des plus
grands coloristes; et les parties en clair-obscur sont
traitées avec un charme qui ne saurait être surpassé.
Le dessin de cette fresque autorise donc à nommer
Jules Romain, tandis que la couleur invite à désigner
Pellegrino de Modène. — Sans oser toutefois prononcer
entre des juges aussi éminents que l'abbé Titi, Taja,
Pinaroli et Lanzi, je tire de cette divergence d'opinions
un argument puissant en faveur de ma thèse. Je pense
que c'est à Raphaël surtout qu'il faut rapporter ces
fresques. Je crois que le chef même de l'école romaine
ne cessa d'exercer sur cette longue série de travaux
une action continuelle et participante, et j'ai la convic-
tion que ni Jules Romain, ni Pellegrino de Modène,
ni aucun autre, n'auraient pu réunir, sans le concours
du maître, une somme de qualités aussi élevées que
celles qu'on admire dans le dernier des tableaux consacrés à Salomon.

Décoration de la voûte. — Le champ de cette voûte
est occupé par de petits sujets mythologiques représentant des sacrifices, peints avec une grande délicatesse sur fond d'or. A côté, sont de charmantes arabesques, au milieu desquelles de petites figures d'une

extrême élégance se détachent, semblables à des camées, sur un fond d'azur.

Arabesques. — Dans l'arabesque qui décore l'intérieur de cette travée, on remarque un vase sur les anses duquel sont posés deux Amours portant des guirlandes de fleurs. Plus haut, on voit une Psyché : c'est une délicieuse figure qui tient dans chacune de ses mains les vases où brûle la flamme immortelle. Deux brillants phalènes, emblèmes de l'âme humaine, voltigent aux pieds de cette allégorie païenne, tandis que de jolis Amours, sortant du calice des fleurs, vont poser sur sa tête de légères couronnes. — Au-dessus, ce sont des Termes en cariatide et mille brillants détails qui entourent les figures de Vénus et d'Apollon.

Quelle harmonie dans les idées! quelle harmonie dans les masses! quelle harmonie dans les couleurs! L'arabesque, ainsi conçue, devient une sorte de symbole, et au milieu du vague de la fantaisie, on aperçoit facilement l'unité du motif de chacune de ces décorations. Toutes les parties qui les composent se groupent et s'enchaînent dans un ordre admirable, et tous les détails sont subordonnés toujours à l'effet général de l'ensemble. On ne saurait en outre imaginer des fonds plus heureusement disposés pour donner aux figures et aux moindres ornements toute la valeur et tout le relief qu'ils doivent avoir. La raison qui relie entre elles les parties pleines et les parties

vides, les moulures, les peintures et les bas-reliefs,
est tellement juste, que l'œil ne trouve rien à déplacer, à
ajouter ou à retrancher. Enfin l'accord est parfait entre
les stucs et les arabesques coloriées ; les figures res-
sortent toujours comme sujet principal au milieu des
ornements sans nombre qui les entourent, et la lumière caresse avec complaisance tout cet assemblage
où l'art est partout sans paraître nulle part.

Il faut signaler encore trois belles figures en stuc
qui se détachent dans l'encadrement de la fenêtre. Elles
sont drapées, et portent des couronnes. Deux d'entre
elles ont de grandes ailes, et rappellent les plus beaux
archanges des compositions religieuses de Raphaël [1].

1. La fenêtre de cette travée est condamnée par un paysage représentant un coucher de soleil. — Dans l'embrasure du balcon,
on distingue encore des paysages entourés de termes, et, parmi
les stucs, des quadriges et un groupe de Léda.

TREIZIÈME VOUTE

JÉSUS-CHRIST

Les successeurs de David n'héritèrent ni de sa fortune, ni de sa gloire. Après Salomon, commença la décadence et la division : Israël se sépara de Juda, Samarie s'éleva à côté de Jérusalem, et le double fléau de l'anarchie et de l'invasion inclina le peuple juif vers l'esclavage.

Raphaël a passé, sans s'y arrêter, sur ces tristes époques ; il a jeté le voile sur la période intermédiaire entre la grande royauté et l'avénement du Messie, et, après avoir suivi le peuple de Dieu depuis sa naissance jusqu'à l'apogée de sa grandeur, il a terminé l'ensemble de ce magnifique tableau en rappelant les phases les plus importantes de la vie de Jésus-Christ... Peut-être aurait-il pu ne consacrer qu'une seule voûte à David et à Salomon, et en réserver une pour rappeler, ne fût-ce que par un trait rapide, les grandes figures d'Élie (qui devait partager avec Moïse l'honneur insigne de s'entretenir avec le Christ sur le Thabor), d'Isaïe (qui connut la Vierge, mère de Dieu [1]), et de quelques autres prophètes. tels qu'Élisée, Ézéchiel, Jérémie. Zacharie et Daniel, qui ne purent, il est vrai, réveiller une nation tombée trop bas, mais qui furent animés du puissant esprit de Moïse, qui prédirent la venue du Sauveur, et qui, comme lui, sans cesse persécutés pour la justice, couronnèrent par le martyre une carrière vouée au sacrifice et à la vérité.

Toutes les prophéties ne sont du reste que le développement des bénédictions des patriarches et des psaumes royaux, et la Bible, dont Raphaël vient de rappeler avec une si haute éloquence les périodes les plus éclatantes, n'est qu'une longue préparation au Nouveau Testament, une déclaration perpétuelle de la venue de Jésus-Christ. « Le Verbe était au commencement, par lui tout a été fait, et rien n'a été fait sans « lui [2]. » D'Adam à Abraham, en passant par-dessus les eaux du déluge, et d'Abraham à David, en considérant Moïse, qui est le prophète par excellence, la promesse du Rédempteur explique et domine toute cette longue histoire. David, dans ses psaumes, chante le mystère du Messie avec une incomparable magnificence ; il voit le Christ « son Seigneur, assis à la droite de Dieu, dans la lumière des saints, sur un trône plus durable que le soleil et la lune ; » il voit la croix et le

---

1. « Voici qu'une Vierge concevra dans son sein, et enfantera un fils. »

2. Jean, I, 3.

Calvaire, et il proclame que le royaume de son Fils n'est pas de ce monde. La venue du *Dieu fait homme* est donc la conclusion de l'Écriture, et devait couronner dans les loges vaticanes cette longue série de pensées sublimes. C'est ainsi que Raphaël, après nous avoir montré dans la première voûte la naissance du monde, va nous montrer dans la dernière la naissance du Fils de Dieu, nous conduire avec les Mages au pied de la crèche, nous faire assister au baptême de Jésus, et nous rendre témoins de la scène où le Christ, entouré de ses douze apôtres, répand sur la terre le calice rempli de son sang, et fonde l'empire éternel.

XLIX

LA NATIVITÉ [1]

Ce fut l'an 4000 du monde, mille ans après la dédicace du temple, et l'an 754 de Rome, que Jésus-Christ, « fils de Dieu dans l'éternité, fils d'Abraham et de David dans le temps, naquit d'une Vierge [2]. » — Raphaël nous conduit dans l'étable de Bethléem, et nous montre Jésus dans sa crèche : « les renards ont « leur trou, et les oiseaux du ciel ont leur nid ; mais

1. Évangile selon saint Luc, II.
2. Bossuet. *Hist. univ.*

« le Fils de l'Homme n'a pas où reposer sa tête [1]. »
Miraculeusement conçu, ce fruit béni de la femme
vient de naître plus miraculeusement encore; il a
paru « comme un trait de lumière, comme un rayon
« du soleil [2], » et tout resplendit autour de lui. —
La Vierge Marie est agenouillée, tendre, attentive et
respectueuse devant son divin Fils.—Avertis par l'ange,
les bergers, héritiers des patriarches, se sont hâtés
vers Bethléem, où ils ont trouvé « Marie et Joseph, et
« l'enfant dans la crèche [3]. » Quelle simple et magnifique préparation à l'Évangile, que le témoignage
rendu par la bouche naïve et sincère de ces pasteurs !
Raphaël a parfaitement traduit la sainte rusticité de
ces premiers adorateurs du Christ, que Joseph conduit
par la main jusqu'au pied de la crèche. — Au fond
du tableau, des anges répandent des fleurs sur la pauvreté dont Dieu a pris possession dès sa naissance...
Rien n'est beau comme le mouvement de ces créatures
idéales; rien n'est mieux exprimé que le respect des
bergers, que le silence de Marie, que l'admiration de
Joseph, et que la grâce divine de Jésus [4]. »

1. Saint Luc, ix, 58.
2. Bossuet, *Élév. sur les myst.*
3. Saint Luc, ii.
4. Il importe, au point de vue de l'histoire religieuse, de rappro-
cher cette fresque de celle qui rappelle la chute de l'homme dans
la seconde voûte des *loges*. Ici la Vierge Marie est la nouvelle Ève,
elle est *la vraie mère des vivants;* en elle commence la délivrance
du genre humain, comme en Ève avait commencé sa perte. En Jésus-
Christ, le nouvel Adam, se consommera cette délivrance. L'ange

Taja s'est contenté de mentionner les fresques de cette voûte, sans les attribuer d'une manière spéciale à tel ou tel parmi les élèves du Sanzio. Félibien et de Piles ont fait honneur de ces tableaux à Perino del Vaga ; mais il suffit de les regarder comparativement avec ceux de l'histoire de Josué, pour ne pouvoir se ranger à cette opinion. D'autres enfin, l'abbé Titi, Pinaroli, de Seine, ont mis le nom même de Raphaël au bas de ces peintures ; mais Raphaël, qui est partout dans les loges, n'est pas là plutôt qu'ailleurs. Quant à nous, nous pensons que l'artiste qui a travaillé aux fresques de cette dernière travée avait apporté dans l'école romaine des habitudes de peindre qui rappellent les maîtres du nord de l'Italie. Nous croyons en outre que la main du Sanzio a soutenu sans cesse les efforts de cet élève, quel que soit d'ailleurs son nom ; mais que cependant il l'a peut-être da-

de lumière, qui annonça à la Vierge qu'elle était mère du Sauveur, a remplacé l'ange des ténèbres, qui perdit nos premiers parents. La croix enfin va surgir à la place de l'arbre de la science défendue ; et, pour compléter ce parallèle, le jour où le premier homme fut créé sera le même où le sang du Rédempteur coulera pour laver les souillures du monde. C'est ainsi que tout s'enchaîne et se commande dans les plans de l'Éternel, et que l'histoire de la chute de l'homme contient en germe l'histoire de sa délivrance. C'est ainsi que l'Écriture montre le dessein de l'Église conçu par Dieu dès la formation d'Ève. L'Église, en effet, a été tirée du côté du nouvel Adam, elle est née de ses plaies, elle a été arrosée de son sang, et elle vit des os et de la chair de Jésus-Christ, qui se l'incorpore par le double mystère de l'Incarnation et de l'Eucharistie. (V. le magnifique développement de ces idées dans les *Élévations* de Bossuet.)

vantage abandonné à ses propres forces dans cette première fresque[1], dont l'exécution paraît relativement faible.

L

ADORATION DES MAGES [2]

« Les rois d'Arabie et de Tharsis, les Sabéens (les
« Égyptiens, les Chaldéens) et les habitants des îles
« les plus éloignées viendront pour adorer Dieu et
« faire leurs présents[3]. »

Le monde entier s'est ému à la naissance de Jésus-Christ[4]. Les mages, partis de l'Orient, ont vu l'étoile du Roi des rois, et ils sont venus. Cette étoile s'est arrêtée « sur le lieu où était l'enfant, » et les voilà prosternés devant Jésus, découvrant sa puissance et la voyant d'autant plus grande qu'elle leur apparaît plus cachée, l'adorant et lui offrant leurs dons : ils lui

1. Elle a beaucoup souffert.
2. Évangile selon saint Matthieu, II.
3. Ps. LXXI.
4. Le Sauveur était l'attente universelle des peuples. Confucius avait dit à ses disciples : «Ne m'appelez pas le saint, le saint est en Occident. » L'incarnation de la Divinité avait pénétré dans l'Inde et jusqu'en Chine avec le mythe de Krichna et le culte du dieu Fo ; Orphée l'avait redite à la Grèce, et elle était gravée sur les temples de Thèbes ; enfin les livres sibyllins l'avaient prédite à Rome, et Virgile venait d'annoncer à Auguste que l'heure allait enfin sonner où le soleil se lèverait pour éclairer les hommes.

apportent en abondance l'or comme à un roi, l'encens comme à un Dieu, la myrrhe[1] comme à un homme qui doit souffrir, mourir et être enseveli. — Devant eux, la Vierge Marie est assise, tenant sur ses genoux « le prince de paix[2]. » Elle regarde avec un calme divin ces hommes puissants et riches, agenouillés devant la pauvreté de son Fils ; elle écoute leurs prières, leur sourit doucement et concentre en elle ses chastes émotions. « Marie conservait toutes ces choses « en son cœur[3]. » Saint Joseph est debout à côté d'elle, recevant les présents des Mages.

Cette composition est d'une grande richesse : les expressions sont justes, les draperies sont belles et la couleur est harmonieuse. Les Mages, au nombre de onze, sont tous vus de profil et dans une unité d'admiration dont Raphaël a su varier le caractère avec un art admirable; les deux derniers sont à cheval et terminent d'une façon pittoresque le fond du tableau. Tous ces personnages, exaltés par une ferveur tout humaine, contrastent d'une manière très-heureuse avec la sérénité divine de la sainte Famille.

Cette fresque, bien qu'altérée vers la gauche, est encore assez bien conservée pour qu'on puisse juger de sa magnifique exécution, et reconnaître, surtout dans la Vierge et dans l'enfant Jésus, la trace d'un pinceau étranger aux allures de l'école romaine.

1. La myrrhe était surtout employée dans les embaumements.
2. Isaïe, ix, 6.
3. Saint Luc, ii, 51.

LI

BAPTÊME DE JÉSUS-CHRIST [1]

Ce fut dans la quinzième année du règne de Tibère et l'an 28 de Jésus-Christ, que parut saint Jean-Baptiste. « L'an 15 de l'empire de Tibère-César, la parole de « Dieu fut adressée à Jean, fils de Zacharie, dans le « désert [2]. » C'est ainsi qu'après cinq cents ans de silence, l'esprit de prophétie se renouvelait parmi les Juifs. Dans sa dernière parole, Malachie, le dernier des prophètes, avait annoncé saint Jean comme un nouvel Élie [3], et Isaïe avait dit : « Sa voix préparera « le chemin du Seigneur dans le désert [4]. » — « Pen- « dant que saint Jean-Baptiste faisait retentir les rives « du Jourdain et toute la contrée d'alentour de la pré- « dication de la pénitence, et qu'on accourait de tous « côtés à son baptême, le Sauveur vint lui-même de « Galilée pour être baptisé [5]... Et Jean lui rendit té- « moignage [6]. »

Jésus-Christ descend dans les eaux du Jourdain et

1. Évangile selon saint Marc, i.
2. Saint Luc, iii, 1-2.
3. Malachie, iii, 1.
4. Isaïe, xl, 3.
5. Saint Matthieu, iii, 13.
6. Saint Jean, i, 32.

s'humilie devant le Précurseur. C'est l'accomplissement du premier acte de justice. « Victime du péché, « il (Jésus-Christ) se met volontairement au rang des « pécheurs[1]. » — Saint Jean, seul encore, a reconnu son divin Maître, et l'on voit qu'en le baptisant il obéit à un ordre suprême, car toute sa figure est tremblante de respect et comme enveloppée d'une sainte humilité. — Des archanges, couverts de magnifiques draperies, assistent à ce touchant mystère. Les uns, pieusement agenouillés, tiennent les vêtements du Christ; les autres publient les louanges de l'Éternel et se soutiennent dans l'air par la seule puissance de leur idéale beauté. — Enfin, derrière Jésus, sont les pécheurs qui viennent laver leurs souillures dans les eaux du baptême. Ces figures, d'un superbe mouvement, sont là comme dans les limbes, attendant le sacrement qui va les préparer à la vie chrétienne, mais sans se douter qu'elles ont devant elles le Fils de Dieu [2].

Ce tableau a été horriblement dégradé par l'humidité. Cependant certaines parties de la fresque sont encore assez bien conservées pour qu'on puisse comprendre quelle devait être la beauté de cette peinture, et voir que, comme couleur surtout, il n'en saurait exister de plus harmonieuse ni de plus parfaite.

1. Bossuet.

2. Cette composition eût peut-être été plus complète si Raphaël eût choisi le moment où la Trinité se manifesta : «Le Fils paraissant « en sa chair; » le Saint-Esprit sous la forme d'une colombe; et le

LII

LA CÈNE [1]

La Cène est véritablement le testament de Jésus-Christ, testament qui n'aura toute sa force qu'après que le testateur l'aura signé de son sang. — En donnant sa loi à Moïse, Dieu n'avait parlé qu'une seule langue et à un seul peuple. Ici le Verbe parle la langue universelle ; il s'adresse à tous les hommes et à toutes les nations. Aussi le Rédempteur dit-il à ses apôtres : « Vos pères ont mangé la manne et ils sont « morts, mais *quiconque* mangera du pain que je vous « donne, ne mourra jamais [2]. »

Dans ce tableau, Raphaël a rompu avec l'habitude qui consistait à ranger en face du spectateur, sur une même ligne et presque sur un même plan, les douze disciples de Jésus, et à les disposer symétriquement six par six de chaque côté de leur Maître. Cette disposition conventionnelle et monotone n'avait certes rien de naturel ni de pittoresque, mais elle empruntait au dogme et à la tradition un charme de grandeur et

Père, dans la voix qui partit d'en haut comme un coup de tonnerre, en disant : « Celui-ci est mon Fils bien-aimé, en qui j'ai mis « toutes mes espérances. » (Saint Jean, xvii, 23.)

1. Évangile, selon Saint Marc, xiv, et selon saint Matthieu, xxvi.
2. Saint Jean, vi.

d'incomparable naïveté. Tout le monde connaît les chefs-d'œuvre de Ghirlandajo au couvent de Saint-Marc, de Léonard au couvent des Grâces, d'André del Sarte à San-Salvi, et de Raphaël lui-même à Saint-Onufre. Nous croyons que le Sanzio avait conçu d'abord la fresque des *loges* d'après les mêmes errements, et que c'est pour cette fresque qu'il avait fait le beau dessin gravé par Marc-Antoine [1], mais qu'il aura été obligé ensuite de renoncer à ce projet, à cause de l'exiguïté du cadre qui le forçait d'user de toutes les ressources de la perspective, afin de pouvoir donner aux treize figures, que commande le sujet, la même dimension qu'ont toutes les figures dans les autres tableaux de cette galerie. En plaçant les apôtres sur les quatre faces d'une table carrée vue de biais, il est donc probable que l'Urbinate n'a pas choisi sa convenance, mais qu'il a subi une nécessité, car cet arrangement a pour conséquence nécessaire de montrer de dos une partie des apôtres. Raphaël, il est vrai, a dissimulé cet inconvénient, en donnant à ses personnages une animation qui les porte les uns vers les autres et leur permet de montrer au spectateur une partie de leurs visages. Ainsi conçue, la Cène est plus conforme sans doute à la réalité, mais elle n'a plus sa majesté traditionnelle, et les apôtres ont un mouvement incompatible avec le respect qui doit contenir leurs passions en présence de leur Maître et de leur Dieu.

1. Bartsch, t. XIV, 26.

Jésus-Christ est placé au haut bout de la table, et parfaitement en vue ; il vient de prononcer ces paroles : « Un de vous me trahira, » et en même temps il dirige son regard vers Judas qui se détourne avec effroi et nous montre sa face maudite. Saint Pierre est à la droite du Sauveur et saint Jean à sa gauche ; tous s'agitent et protestent de leur innocence, de leur douleur, de leur indignation, de leur zèle et de leur amour. Les expressions sont d'une grande justesse. Les draperies méritent également une attention particulière. La lumière qui éclaire ce tableau ainsi que la couleur qui l'anime sont d'une prodigieuse beauté, et les parties en clair-obscur sont traitées avec un art qui n'a jamais été surpassé [1].

On cite, à propos de cette fresque, deux dessins à la plume et lavés, qu'on a donnés comme étant de la main de Raphaël. L'un appartenait à Gérard Hoet et a été vendu 16 florins, à La Haye ; l'autre a appartenu au duc de Tallard.

Les quatre fresques de cette dernière voûte, nous l'avons dit déjà, rappellent par leur couleur les belles qualités des écoles du nord de l'Italie. Si donc, il faut trouver un nom à placer ici après celui de Raphaël, c'est parmi les élèves que ces écoles envoyèrent à Rome qu'il faut chercher. Le charme de ces peintures est tel, qu'on a voulu reconnaître, surtout dans l'adoration des Mages, le pinceau de Corrége

1. Cette fresque est bien conservée.

lui-même [1]. Or, on sait qu'Antonio Allegri est complétement indépendant de l'école romaine, et une
pareille conjecture, loin d'être une découverte, ne sert
qu'à apporter plus de confusion dans l'histoire de l'art.
Mais si l'on ne trouve pas de peintre parmesan parmi
les élèves de Raphaël, il y a le Bolonais Bartolommeo
Ramenghi (il Bagna-Cavallo), que l'on cite généralement parmi les artistes qui travaillèrent aux *loges*, et
qui fut plus tard un des restaurateurs de l'école de
Bologne : la couleur de ce maître répond assez à celle
des fresques qui nous occupent. Il y a ensuite Gau-
denzio Ferrari, qui marcha sur les traces de Raphaël, et
qui devint à son tour chef d'école chez les Milanais : cet
artiste travailla aux fresques de la Farnésine ; pourquoi
n'aurait-il pas également travaillé aux loges? Il y a enfin
Benevenuto Tisi (il Garofolo), qui, à une extrême vigueur
de coloris ajouta plusieurs des hautes qualités du
Sanzio, et qui mérita d'être nommé *le prince de l'école
de Ferrare*. Les historiens se taisent, il est vrai, sur le
concours qu'il prêta à Raphaël dans cette circonstance
comme dans toute autre ; mais ce n'est pas là une
raison suffisante pour affirmer qu'il ne prit part à aucun des nombreux travaux de l'école romaine, et son
nom pourrait sans doute être mis avec moins d'invrai-
semblance qu'aucun autre au bas de la dernière fresque
de cette dernière voûte.

1. Et cela à cause d'un sourire particulier que la Vierge adresse
à l'enfant Jésus. (V. le P. della Valle.)

Décoration de la voûte. — Les Chérubins et les Élohim qui accompagnaient, dans la première voûte, toutes les splendeurs de la création, devaient reparaître, dans la dernière, pour saluer, semblables aux étoiles du matin, l'aurore du christianisme. Ce sont les mêmes esprits immatériels, adorateurs perpétuels de Dieu, vivant comme lui d'intelligence et d'amour. Ils sont là, tels que le prophète Daniel les vit par milliers de milliers[1], comme autant de miroirs où se reflète l'image du Très-Haut... Il semble qu'une de ces belles et excellentes créatures ait touché l'Urbinate du bout de son aile, et qu'il se soit alors écrié avec le Psalmiste : « O Seigneur ! je vous adorerai « avec vos anges, et je chanterai vos merveilles en « leur présence[2]. » — Dieu avait dit d'ailleurs, en introduisant Jésus-Christ dans le monde : « Que tous « mes anges l'adorent[3] ! »

Parmi ces créatures idéales, les unes croisent les bras avec ferveur, les autres semblent vouloir s'élancer au plus haut du ciel; celles-ci portent des palmes, celles-là tiennent les étendards de l'Église; toutes chantent, à la vue de Dieu fait homme, la sainte joie de l'humanité. Plus le regard s'élève vers le sommet de la voûte, plus la lumière devient éclatante, et plus elle efface les images de ces esprits bienheureux. Les anges perdent ainsi peu à peu les couleurs et les formes

1. Dan., vii, 10.
2. Ps. cxxxvii, 1-2.
3. Héb., 1-6, ps. xcvi, 7.

qu'ils avaient empruntées à l'humanité ; et bientôt on
ne voit plus que des têtes d'une admirable beauté,
soutenues sur des ailes d'azur, et s'élevant au milieu
d'une vapeur rose, qui va s'affaiblissant, jusqu'à ce
que l'œil en perde complétement la trace.

Voilà donc la troupe céleste qui accompagna le Sauveur dans toutes les épreuves de sa vie mortelle. Voilà
les anges qui répandirent sur sa crèche les fleurs du
printemps, qui le servirent dans le désert, l'assistèrent
dans son agonie, qui gardèrent son sépulcre et procla-
mèrent sa résurrection [1]. Et tels sont l'accord et l'harmonie de tous ces divins esprits, que nous nous sentons
pour ainsi dire pénétrés de leur musique, et qu'en-
flammés de leur ferveur, nous nous écrions avec eux :
« Gloire à Dieu, et paix sur la terre [2] ! »

Arabesques. — Deux arabesques différentes ornent
les piliers de cette dernière travée. — Dans l'une,
deux hommes sont assis sur un élégant piédestal à
colonnes : ils tiennent des rameaux de vigne qui s'entrelacent, et d'où sortent bientôt deux Chimères supportant un temple aérien. Un beau cygne, les ailes
étendues, forme le couronnement de ce temple circulaire, dont le dôme est soutenu par six colonnettes, et
au centre duquel se trouve une charmante idole. Au-
dessus, les créations les plus fantastiques se mêlent

1. Matth., IV, 2; XXVIII, 2-5. — Luc, XXII, 43.
2. Saint Luc, XIV.

encore aux figures humaines, et accompagnent tous
les caprices d'une harmonieuse décoration. — L'autre
arabesque répète celle de la troisième travée. Ce sont
les mêmes feuillages dessinant les mêmes cadres :
seulement les motifs des figures, des chasses et des
paysages ne sont pas identiques. — Parmi les stucs
qui se trouvent dans l'encadrement de la fenêtre [1], on
remarque, au milieu des réminiscences païennes, de
belles allégories de la Foi, de l'Espérance, de la Charité et de la Justice. — Enfin, dans l'embrasure du
balcon, on distingue encore à travers les débris de
l'arabesque un guerrier appuyé sur sa lance, des
Centaures et deux charmantes petites figures de Vénus
et de l'Amour.

Tels sont les traits principaux qu'on peut suivre
encore à travers les arabesques des *loges*. Raphaël
s'est élevé plus haut peut-être dans les ornements
qui servent de bordures aux tapisseries. Plus il
avançait dans cette voie, et plus chez lui la raison
prenait d'empire sur le caprice, moins le hasard
présidait à la fantaisie. Il suffit de regarder les six
dernières planches gravées par Volpato [2], pour com-

---

1. Cette dernière fenêtre, donnant des *loges* sur le palais, est
encore condamnée par une fresque qui représente un paysage peu-
plé d'animaux.

2. V. la collection des *stucs*, dont les dix dernières planches re-
produisent les bordures des tapisseries.

prendre comment l'idée morale commente alors l'arabesque, et lui donne toute la valeur d'un tableau sagement ordonné. C'est là que Raphaël a dessiné cette allégorie charmante des saisons. C'est là qu'il a figuré le printemps par deux amants qui mêlent leurs baisers au parfum des fleurs; l'été, par une mère féconde couronnée d'épis de blé mûr, et marchant au milieu des fruits de la terre; l'automne, par un cep de vigne, où de beaux enfants nus pendent avec les grappes de raisin; l'hiver enfin, par une divinité constellée qui répand les frimas sur la terre, où tremble de froid un vieillard enveloppé dans les plis d'un large manteau. — Regardons aussi cette belle représentation des Parques. Clotho est une douce jeune fille couronnée de roses; tenant avec distraction sa quenouille et son fuseau, elle détourne la tête vers l'Amour, et attentive à ses propos, elle ne voit pas le fil qui court toujours. Lachésis vient ensuite; plus grave et plus réfléchie, elle travaille avec assiduité : mais son fil va être coupé par le ciseau d'Atropos, cette implacable vieille qui brise tous les nœuds de la vie. — Est-il enfin de plus nobles pensées que celles où les trois vertus théogales apparaissent sous des formes sensibles, mais tellement belles, qu'elles nous transportent de suite dans les plus hautes régions de l'idéal? Il est évident que dans de telles arabesques, la grande peinture a repris tous ses droits.

Pour compléter cette description, il faudrait parler encore des peintures simulant les bas-reliefs en bronze que Perino del Vaga et Polydore de Caravage avaient exécutées dans les soubassements des fenêtres du palais. Malheureusement elles sont complétement perdues, et c'est à grand'peine que, dans quelques travées seulement, on peut suivre encore le clou de ces fresques, dans lesquelles l'esprit du maître avait porté à sa plus haute puissance la verve des élèves[1].

Raphaël avait imprimé son goût aux moindres détails de ce merveilleux ensemble. C'est ainsi qu'il importe de rappeler aussi les deux portes en bois, exécutées par le Florentin Jean Barili sur les dessins du Sanzio. Ce sont des chefs-d'œuvre d'élégance et d'inimitable perfection [2]. — Les terres émaillées qui formaient le dallage de la *loge*, et auxquelles ont succédé les tristes carreaux que le pied foule aujourd'hui. étaient également remarquables. Luca de Florence, descendant de Luca della Robbia et héritier de ses procédés, avait exécuté ces terres, sur lesquelles les armes de Léon X se détachaient au milieu d'arabesques largement conçues [3].

---

1. P. S. Bartoli a gravé ces fresques, et d'après ces estampes on peut se figurer ce que devaient être des peintures exécutées sur des dessins aussi beaux que ceux qui représentent Dieu recevant le sacrifice d'Abel et rejetant celui de Caïn, — Dieu montrant l'arc-en-ciel à Noé, — le sacrifice d'Abraham, — le combat de Jacob avec l'ange, —Joseph se faisant reconnaître de ses frères (ce dessin est au Louvre). — la manne dans le désert. etc.

2. Poussin dessina ces portes d'après l'ordre de Louis XIII, qui voulait les reproduire au Louvre. Ces dessins faisaient partie de la collection Mariette. (V. les gravures de Volpato.)

3. Parmi les nombreuses gravures qui ont été faites d'après la

On ne saurait terminer cet examen de la décoration
de la *loge* vaticane sans rendre un hommage spécial à
la verve inépuisable et au talent plein de grâce et de
souplesse de Jean d'Udine, auquel, après Raphaël, il
faut faire honneur des arabesques.

Jean était né en 1494, à Udine, d'une famille de bro-
deurs célèbres, qui avait changé son nom de Nanni en
celui de Ricamatori. Son père, habile artisan, était en
même temps chasseur intrépide ; et Jean, tout jeune encore, le suivait dans ses courses lointaines à travers les
campagnes du Frioul, aimant passionnément les plantes
et les fleurs, les animaux et surtout les oiseaux, et se
révélant déjà comme dessinateur infatigable de ces

Bible de Raphaël, nous préférons, comme ensemble, celles de
Chaperon (avant le nom de Mariette). Ces estampes, où l'esprit
d'interprétation se manifeste avec trop d'indépendance peut-être,
accusent en même temps un incontestable talent de dessinateur au
service d'une verve pleine d'enthousiasme pour l'œuvre du maître.
Des tentatives plus récentes et très-louables ont été faites, mais sans
le même succès. En recherchant, parmi les graveurs antérieurs à
Chaperon, ceux qu'ont inspirés aussi les fresques des *loges*, il faudrait citer d'abord Marc-Antoine, dont nous avons rappelé les
planches exécutées d'après les dessins du Sanzio ; puis Marco Dente
de Ravenne et Agostino Musi de Venise, les deux graveurs qui ap-
prochèrent le plus de la perfection de Raimondi. On aurait à nommer
ensuite Ugo da Carpi, qui a son style et sa manière à part ; le Bolonais Giulio Bonasone, élève de Lorenzo Sabattini, qui s'éloigne
déjà des grandes traditions de l'école romaine ; J. Caraglio, qui participe à la fois des écoles romaine, florentine et parmesane ; le
Maître au Dé et quelques autres graveurs de la même époque,
qu'on rattache avec plus ou moins de raison à Marc-Antoine. Enfin
il faudrait rappeler quelques Hollandais du XVIe siècle. — Quant aux
arabesques et aux stucs, on consultera toujours avec utilité les
œuvres de Volpato et de Pietro Santi Bartoli.

chers objets de son amour. Après avoir puisé dans l'atelier de sa famille le goût de l'ornementation fine et délicate, après avoir développé ses facultés naissantes en présence de la nature, il entra dans l'atelier du Giorgione, où il s'assimila le germe des qualités entraînantes de ce génie plein de force et de chaleur. Vivant alors à Venise, à cet âge où la vie semble un rêve d'or, les flots de l'Adriatique, retentissants de mélodies enivrantes, lui apparurent chargés des richesses et des fables de l'Orient. Les fêtes et les sérénades, les riches étoffes où l'or se mariait à la soie, tout ce luxe étincelant au soleil et aux mille clartés des palais enchantés, enflammèrent cette jeune imagination, et firent naître chez cet enfant des inclinations puissantes, qu'allait développer et contenir l'influence d'un génie supérieur.

George Barbarelli étant mort en 1511 à l'âge de trente-quatre ans, Jean d'Udine partit pour Rome, avec une lettre de Domenico Grimano à Balthasar Castiglione. Jean avait alors dix-sept ans. Il fut présenté à Raphaël, qui comprit de suite toute la valeur de ce précieux auxiliaire et qui l'adopta comme son élève ou plutôt comme son enfant. C'était le moment où les *loges* s'élevaient au Vatican et où les peintures des bains de Titus venaient de revoir la lumière. Jean d'Udine sentit son goût pour la décoration s'agrandir et s'épurer en présence de l'antiquité, et après avoir retrouvé le secret des stucs anciens, il exécuta les arabesques des *loges*, d'après les dessins du Sanzio.

Plus je cherche à pénétrer le génie de Raphaël, et plus je trouve que d'un bout à l'autre de son existence, la Providence travaille et combat avec lui. Nonseulement elle le dirige et le sert en lui-même, mais elle semble présider aussi à l'éducation de ceux qui doivent être ses élèves, et les lui amener comme par la main à l'heure même où leur assistance va être nécessaire. On sait le concours que Jules Pippi, le Penni, Pellegrino, Raffaello del Colle, etc., prêtaient déjà à l'Urbinate. Tout à coup voilà Polydore, un simple maçon, en qui s'allume une flamme soudaine, et qui devient aussi un grand artiste. Puis, c'est Perino del Vaga, que la misère jette entre les bras du Sanzio, et qui va travailler dans les *loges* avec une infatigable ardeur, déployant dans les tableaux de Josué une science du nu qu'il est difficile de porter plus haut. Enfin, c'est Jean d'Udine, arrivant juste au moment où vont être exécutées les arabesques, et apportant dans ces travaux un goût naturel imcomparable, fortifié par une éducation qui a commencé pour ainsi dire au berceau, et qui s'est développée progressivement par un enchaînement de circonstances admirablement ordonnées pour fortifier ses dispositions heureuses.

Dès son arrivée à Rome, Jean d'Udine avait fait hommage à Raphaël d'un livre qu'il avait rempli d'animaux, et Raphaël avait compris qu'on ne pouvait mieux faire. Où trouver, en effet, des oiseaux plus vivants? Avec quelle exquise élégance ils sont posés

sur les fleurs, sur les épis de blé et de maïs et sur de
simples roseaux! Quel luxe et quelle science dans les
draperies, dans les instruments de musique, dans les
vases, dans les paysages, dans les fabriques, dans les
ruines, dans les végétaux de toutes sortes, dans les
fruits!... Jean avait un talent si plein de charme et en
même temps si vrai, qu'ayant figuré à l'extrémité de
la *loge* un tapis jeté sur des balustres, un *palefrenier*
qui vit le pape traverser cette galerie, courut vers ce
tapis pour le prendre et l'étendre sous les pieds du
pontife [1]. — Quelle devait être aussi la beauté de
la *loge* du premier étage que Jean d'Udine avait re-
couverte d'une longue treille de cannes, où des vignes
vierges, se mêlant aux jasmins et aux rosiers, ser-
vaient d'abri à tous les oiseaux de la création [2]... Ce
qui reste de toutes ces merveilles suffit pour justifier
l'enthousiasme de Vasari, lorsqu'il s'écrie : « Ces
« peintures sont, dans leur genre, les plus belles, les
« meilleures, les plus précieuses qui aient jamais été
« contemplées par un œil mortel! »

1. Vasari.
2. On doit également considérer avec attention les arabesques
qui décorent la dernière salle des appartements Borgia, communiquant des *stanze* peintes par Pinturicchio avec le premier étage des
loges. C'est à la voûte de cette salle que Jean d'Udine dessina, à
l'aide de stucs et d'arabesques, ces magnifiques compartiments dans
lesquels Perino del Vaga peignit les planètes.

CONSIDÉRATIONS GÉNÉRALES

CONSIDÉRATIONS GÉNÉRALES

Considérons maintenant dans son ensemble cette longue galerie des *loges* [1]. Rendons à ces fresques tout ce que le temps leur a enlevé ; restituons à la pierre les couleurs qui la revêtaient, aux moulures leur richesse d'autrefois, aux arabesques et aux stucs leur fraîcheur et leur jeunesse ; oublions, s'il se peut, toutes les mutilations qui affligent et déshonorent ce monument, et revoyons en rêve toutes les splendeurs qui charmaient le goût difficile du xvie siècle.

[1]. Ce fut vraisemblablement de l'année 1515 ou 1516 à l'année 1518 que furent exécutés les fresques de la Bible, ainsi que les arabesques et les stucs des *loges*. C'est une des causes qui expliquent le peu de part que put avoir Raphaël dans l'exécution des fresques de la **chambre de Charlemagne**, et pourquoi, lorsque la mort le surprit en 1520, il n'avait pu commencer encore les grandes **pages de l'histoire de Constantin**.

LES LOGES DE RAPHAEL CONSIDÉRÉES COMME ŒUVRE
DE RENAISSANCE

Les *loges* de Raphaël sont par-dessus tout un monument de renaissance, car nulle part le génie de cette grande époque ne s'est produit avec un pareil éclat, nulle part le souvenir de l'antiquité n'est venu réchauffer à un tel degré l'inspiration moderne. C'est là qu'à l'ombre des vérités éternelles le paganisme a placé ses plus gracieux souvenirs, et qu'à côté des grands traits de la Bible une science sans égale a prodigué tous les trésors de la Fable.

En réalisant une telle œuvre, Raphaël et ses disciples ont subi l'influence de la société qui les entourait, société qui resta chrétienne, bien que séduite par les voluptés entraînantes de la forme. Au point de vue de l'art surtout, la renaissance fut une réaction contre le moyen âge. Le moyen âge, qui lui-même avait été une réaction contre l'antiquité, avait poursuivi et proscrit tout ce qui dans l'art rappelait l'anthropomorphisme païen. La renaissance vint à son tour venger l'antiquité, réagir contre le laid et réhabiliter la beauté sensible. Mais elle fit comme toutes les réactions, elle dépassa son but, et, éblouie par le charme de la cause qu'elle défendait, elle alla souvent jusqu'à la licence. C'est ce qu'on voit dans certains fragments des arabesques, dans certains stucs surtout, bien qu'on puisse dire de l'ensemble de ces décorations qu'il satisfait à la convenance autant qu'à la beauté.

POURQUOI LES ARABESQUES DES LOGES NE SONT POINT UNE ŒUVRE DE DÉCADENCE

Les arabesques étant une exagération de l'ornement et pouvant se prêter avec facilité aux folles exigences du luxe, on les a souvent regardées comme l'apanage exclusif des époques de décadence. Or, en présence des *loges*, il faut protester contre ce qu'il y a d'excessif dans un pareil arrêt.

Ce qu'on peut dire d'une manière générale, c'est que l'arabesque fleurit plutôt chez les peuples qui finissent que chez ceux qui commencent. Un peuple qui sent au fond de son cœur brûler le feu sacré de la liberté et de la patrie, vit sans distractions, avec un légitime orgueil vis-à-vis de lui-même : le monde extérieur n'a de valeur pour lui que par cet amour, il s'y concentre, il s'y enferme comme dans une impénétrable armure, et il écarte comme un danger tout ce qui peut l'amollir et le détourner de sa noble voie. Telle est la cause de la simplicité des nations primitives. Mais plus une société a perdu de son indépendance et de sa dignité, plus elle avance vers la période de sa décadence; et plus ses besoins se multiplient, plus elle devient avide de sensations nouvelles, plus

elle est poussée par l'irrésistible besoin du changement,
de la variété, de la distraction, du mouvement dans
les impressions qui la frappent. Voilà pourquoi l'arabesque, qui n'aurait pu s'acclimater à Rome sous
la république, jeta de si profondes racines sous l'empire. De même, elle se traîna languissante et terne
pendant les siècles libres du moyen âge; la foi et la
guerre suffisaient alors aux chrétiens qui combattaient
pour reconquérir leur patrimoine. Mais dès que la
liberté fut morte, dès que la péninsule fut asservie, un
besoin effréné de luxe vint distraire des hommes dé-
goûtés de tout et ennuyés d'eux-mêmes. L'Italie n'en
était pas là encore sous Léon X, mais son heure, l'heure
fatale de 1527 approchait, et Raphaël, en dessinant
ses arabesques, satisfaisait déjà aux exigences de ses
contemporains.

Cependant, s'il peut être vrai de dire que l'arabesque s'est produite en général pendant les époques d'af-
faissement moral, rien ne serait plus faux, au point de
vue de l'art, que de regarder la décoration des *loges*
comme une œuvre de décadence. Raphaël, tout en-
traîné qu'il était par le courant de son siècle, satisfaisait plus encore aux exigences impérieuses de son goût.
C'est ainsi qu'il eut la sagesse de n'assigner aux
arabesques qu'une importance secondaire et de ne les
considérer que comme simples motifs d'ornementation.
Ce qui domine l'esprit dans ce vaste ensemble, ce qui
fixe surtout l'attention, c'est le texte de l'Écriture si
admirablement commenté dans les fresques inspirées

par la Bible. En outre, les arabesques sont là parfaitement à leur place. Les *loges*, ne l'oublions pas, sont un lieu de promenade, de conversation et surtout de rêverie, où nul sentiment d'excessive gravité, nulle rigueur d'étiquette ne devait entraver la liberté de l'artiste. Tout en rappelant aux hommes qu'ils se trouvaient dans le palais des papes, l'ensemble de cette décoration devait leur enlever en même temps toute contrainte, les reposer des sévères beautés des *stanze*[1], et les entraîner, sur les ailes de la fantaisie, dans le pays des songes. Les *loges* de Raphaël peuvent donc servir de type aux endroits où convient l'arabesque, et nul doute qu'employée dans ces conditions et avec ce discernement, elle n'eût désarmé la sévérité de Vitruve et de Pline.

Raphaël avait compris d'ailleurs que le danger de l'arabesque était de devenir un genre à part et facile, qui, tombant entre les mains d'artistes de second ordre, détacherait l'esprit public de la grande peinture, égarerait son jugement, rabaisserait ses aspirations et exciterait sa curiosité plutôt que son amour du beau. Pour défendre son école contre ce danger, le Sanzio voulut montrer, en dessinant lui-même ses arabesques, les ressources infinies dont il fallait user pour arriver à la réalisation de pareilles œuvres. Aussi la connaissance de l'homme est-elle la base de

1. Les loges sont un vaste balcon qui sert de dégagement aux *stanze* de Raphaël.

ces délicieux caprices. Regardez chacune de ces arabesques : quelle science ! quelle variété ! quelle abondance ! quel talent dans toutes ces figures nues ! et si elles sont drapées, quelle harmonie dans les vêtements qui les couvrent ! quelle étude de l'antiquité ! avec quelle sûreté de coup d'œil Raphaël dispose du paganisme ! quel art dans la manière dont il puise aux sources infinies de la nature !

Ainsi la connaissance de l'homme et de la nature, l'étude constante des statues et des bas-reliefs antiques, voilà les trésors que l'Urbinate mettait au service de l'imagination pour qu'elle en disposât au gré de la fantaisie. Et encore faisait-il sans cesse intervenir la raison pour marquer au caprice les endroits où il lui est permis de se produire, pour lui montrer le principe d'unité vers lequel il doit tendre, pour lui assigner les limites où il doit s'arrêter, et lui rappelei les réserves qu'il importe de garder.

Raphaël eut en outre la sagesse de donner toujours à ses arabesques de petites dimensions, et les piliers des *loges* sont encore à ce point de vue un modèle qu'on ne saurait trop recommander. Sur une trop grande échelle, les mille détails de l'arabesque se perdent et se confondent, ou bien il faut leur donner de grandes proportions, et l'on tombe alors dans l'exagération et dans le ridicule. Il ne faut pas déclamer de légers badinages, et les folies de l'enfance qui font sourire, font pitié dans l'homme. De même, la fantaisie ne s'accommode que de petits objets : l'esprit qu'on y met doit être sans prétention, léger, gracieux, ironique et frondeur, et dès qu'il cherche à s'agrandir, il devient lourd et pédant. L'arabesque est comme ces conversations familières dans lesquelles on peut tout dire, pourvu qu'on le dise à propos et à demi-mot ; on lui permet de grandes licences, mais à la condition qu'elle n'affiche pas de prétentions sérieuses, car alors ces licences deviennent des niaiseries ou des scandales.

C'est ce que ne comprirent pas les artistes qui vinrent après Raphaël. Je ne parle pas de Jules Romain, de Perino del Vaga, de Jean d'Udine et des autres élèves du Sanzio, qui conservèrent avec un pieux respect les belles traditions de leur maître. Mais si l'on considère ce que devint ensuite l'arabesque, on la voit dégénérer promptement et sortir de sa véritable voie. C'est ainsi qu'aux gracieuses légèretés des *loges* succédèrent la prétention et l'enflure des imitateurs de Michel-Ange, qui, visant au gigantesque, n'atteignirent qu'au ridicule. Il suffit, pour s'en convaincre, de regarder à Fontainebleau les décorations de Primatice et de Rosso. Puis, vinrent les Carrache et Pierre de Cortone, qui commirent les mêmes fautes en les exagérant encore, et qui imprimèrent aux arabesques du XVIIe siècle ce caractère de pédantisme dont Lebrun et Mignard, qui étudièrent en Italie, rapportèrent en France le faux goût. Comparez les frises des plafonds de Versailles à celles de la villa Madame et des salles décorées par Jules Romain et Perino del Vaga dans le

château Saint-Ange : des figures immenses et des statues colossales ont succédé à la variété infinie des
petits détails, la pesanteur et l'affectation se sont sub-
stituées à l'élégance et à la légèreté ; mais, tandis que
le dégoût et l'ennui vous gagnent au milieu des lambris
dorés de Louis XIV, l'esprit se sent distrait et heureux
en présence des murs délabrés qu'anime encore l'esprit de Raphaël et de son école. Quant aux arabesques du xviii° siècle, quant aux décorations mesquines
des Gillot et des Watteau, il est triste d'avouer qu'elles
sont encore pour la plupart des Mécènes de notre époque l'idéal du genre, et que nombre d'artistes, sacri-
fiant leur talent à leur fortune, travaillent aujourd'hui
à imiter de pareilles pauvretés. En sommes-nous donc
arrivés à ne pouvoir plus considérer avec attention des
œuvres méditées avec soin ? D'où vient cette hâte de
vivre qui nous égare en toutes choses? Et pourquoi
chercher à réaliser en un jour des projets que de longues années d'étude auraient dû préparer et mûrir?...
Quoi qu'il en soit, plus nous apporterons de sincérité
dans notre admiration pour les chefs-d'œuvre d'autrefois, plus nous serons prêts à en voir surgir de
nouveaux ; et n'oublions pas que l'art de la renaissance est sorti d'un élan d'enthousiasme pour l'art de
l'antiquité.

DES ARABESQUES ET DE LA PEINTURE ANTIQUE
A PROPOS DES ARABESQUES ET DES TABLEAUX DES LOGES
DE RAPHAEL

Pour comprendre toute la valeur des arabesques et de la *Bible de Raphaël,* il importe de considérer d'abord les arabesques et les tableaux des anciens, et c'est à Pompéi surtout qu'il faut aller pour compléter les études qui nous attachent au Vatican.

Cette ville, qui se vantait de remonter à Hercule, venait, sous Auguste, de devenir colonie romaine, et l'arabesque, alors en vogue dans la métropole, y fit une véritable invasion. Il faut convenir que pas un coin de la terre n'était mieux fait pour se prêter aux caprices de ces décorations, que nulle part on n'en conçoit mieux le charme et l'emploi, parce que nulle part l'esprit ne se sent aussi léger pour sortir des entraves de la réalité et s'égarer dans les régions idéales qu'habitent les songes et la fantaisie. L'histoire même de Pompéi n'est-elle pas comme un rêve ? Une colonie pélasgique, échappée à la ruine de Troie, arrive des bords de l'Hellespont au fond de ce golfe enchanté. Séduite et comme fascinée par la mer, elle s'assied imprudemment au pied du volcan, afin d'avoir sous les yeux le miroir limpide des eaux, et d'entendre incessamment leurs mélodies incomparables. Ainsi posée entre le feu et l'eau, cette ville grandit pendant mille ans, lorsque, arrivée au faîte de sa splendeur, elle disparaît subitement, semblable à ces nuages étincelants qui éblouissent un moment le regard et qu'on oublie dès qu'un coup de vent les a dispersés. Pendant seize siècles, pas même un souvenir n'a survécu à cette catastrophe, et il y a cent ans à peine que cette antique cité, renaissant de ses cendres, s'est montrée aux regards étonnés des modernes, aussi fraîche et aussi parée qu'à l'heure de sa fortune et de sa mort. Chaque jour amène encore une découverte nouvelle, chaque jour on lève un coin de ce linceul, et l'on voit en pleine lumière un aspect inattendu de la vie des anciens. Plaçons-nous donc un moment en présence de ce splendide fantôme ; parcourons ces rues, ces *forum*, ces temples, ces théâtres ; entrons dans ces maisons où les vivants foulent aux pieds la poussière des morts, mais où la mort semble supérieure à la vie de toute la hauteur qui sépare le souvenir de la réalité ; regardons les noires arêtes du Vésuve et les flammes dont il nous menace encore ; abaissons ensuite nos yeux vers la mer, considérons l'entraînante mobilité des idées qu'elle évoque, écoutons le murmure des vagues qui, après avoir caressé les rochers de Capri, viennent mourir harmonieusement sur ces rives où fleurit l'oranger ; reportons enfin nos regards vers ce ciel sans nuages, et alors nous ne nous sentirons plus vivre, mais rêver, et ces rêves nous délasseront de la vie, et nous comprendrons mieux la raison d'être de l'arabesque et des mille fantaisies qui la servent.

A Pompéi, les arabesques n'étaient pas réservées aux monuments publics et aux habitations somptueuses; on les retrouve partout, jusque dans les maisons les plus modestes, et toujours admirablement disposées pour distraire l'esprit et le disposer aux sensations douces et heureuses. Partout elles font naître l'idée d'une nature idéale, peuplée de fantaisies charmantes. Partout les éléments de l'architecture se mêlent aux caprices de l'imagination pour agrandir les espaces rétrécis, et pour éveiller au sein de la médiocrité et souvent même de la pauvreté, l'idée de la grandeur et de la magnificence. Rien de plus séduisant que ces décorations toujours légères sans être mesquines. Ce sont des palais enchantés et des temples soutenus par des colonnettes d'or tels que Raphaël nous en a montré dans les *loges;* des balcons qui couronnent des architraves aux profils élégants; et au delà, ce sont encore de lointains horizons à travers lesquels on aperçoit d'autres temples aériens et d'autres palais féeriques. Puis, au milieu de frais paysages bordant les eaux limpides de la mer ou d'un fleuve, ce sont des fleurs et des fruits qui s'entrelacent ensemble, et de charmants oiseaux qui semblent heureux de vivre au milieu de tous ces enchantements. Ailleurs, sur des fonds noirs ou teints de la pourpre de Tyr, on voit s'ébattre des Amours, des Nymphes, des Faunes acrobates et toutes les folles et gracieuses imaginations du paganisme. Souvent, la réalité se mêlant aux chimères, on aperçoit au milieu des arabesques les représentations de la vie ; ce sont des ports, des villes maritimes, des galères et des trirèmes remplies de rameurs. etc. [1].

Quelle verve! quel entrain! quel admirable mouvement dans ces chasses et dans ces marines fantastiques où des Tritons et des Néréides. accompagnés de Dauphins et entraînés par des chevaux marins, fuient devant les monstres qui les poursuivent! Quelle rapidité dans leur course! quel luxe d'imagination et quelle grandeur dans la création de ces êtres fabuleux dont la force semble irrésistible !... Et les Muses, et les Nymphes. et tous les dieux et toutes les déesses qui s'entremêlent au milieu du dédale de l'arabesque! Quelle puissance , quelle grâce et quelle incomparable légèreté dans toutes ces figures! Comme elles nagent dans l'espace et comme elles s'y soutiennent avec aisance! Avec quelle élégance l'une tient sur sa tête une corbeille remplie de fruits savoureux! Avec quelle grâce l'autre porte la coupe et l'amphore remplies de liqueurs enivrantes! Écoutez celles-ci : quels joyeux concerts elles font entendre! Regardez celles-là : comme elles semblent heureuses au milieu des danses qui les entraînent, et avec quelle folle ivresse elles s'abandonnent! On ne les voit qu'en rêve, ces draperies qui voilent, sans les cacher, des formes idéales, et les montrent sous un jour qui les transforme et les rend plus idéales encore sans les défigurer.

1. V. le n° 1401 du musée Bourbon. tiré du temple d'Isis à Pompéi.

Mais ce qui est peut-être plus admirable encore, ce sont ces enroulements de festons et de rinceaux si délicats et si légers qu'ils semblent se balancer au moindre souffle, et dans les méandres desquels on voit engagés des Amours, des Nymphes, des Satyres, des lions et des léopards. Rien n'égale la souplesse et la verve de ces traits rapides, si ce n'est leur variété qu'on peut presque dire infinie. On ne saurait pousser plus loin la science des proportions et de l'harmonie; on ne saurait régler avec plus de goût l'abondance et la richesse.

Raphaël, qui n'avait fait qu'entrevoir les magnificences de l'arabesque antique dans les Thermes de Titus, a pressenti tous les trésors enfouis sous les ruines de Pompéi et d'Herculanum, à tel point qu'en rappelant ces merveilleuses inventions, nous venons de rappeler en même temps les traits principaux de la décoration des *loges*. C'est qu'il y eut de singulières affinités entre le génie de la renaissance et le génie de l'antiquité, et que le Sanzio a montré ici, comme il l'avait fait quand il pressentait, dans l'*École d'Athènes* et dans le *Parnasse*, le véritable caractère des philosophes et des poëtes anciens, une puissance surnaturelle de divination rétrospective.

Cependant, après avoir payé un tribut de sincère admiration aux fantaisies des anciens, il faut voir aussi ce qu'elles ont eu d'excessif et de puéril, et convenir que les rigueurs de Vitruve, pour être exagérées, n'en étaient pas moins justes. S'il est bon de dormir

et de rêver, il faut savoir, avant tout, vivre et penser.
Or, quand on parcourt l'ensemble des fresques anciennes réunies à Naples, au palais Bourbon, tout
fasciné qu'on est d'abord par leur éclat et leur beauté,
on est forcé de convenir ensuite qu'à Pompéi, par
exemple, la grande peinture n'est pas à la hauteur de
l'arabesque. que l'accessoire a pris la place du principal, et que le cadre fait oublier le tableau. Il y avait
là une déviation évidente du goût. Je la conçois, du
reste, et je l'excuse jusqu'à un certain point à Pompéi
et à Herculanum plus que partout ailleurs, parce
qu'en présence du magnifique spectacle du Vésuve et
du golfe, ce que l'homme peut concevoir d'exact et de
raisonné sera toujours étroit et mesquin, et qu'alors
l'imagination seule a des ressources capables de lutter
avec la réalité. Et puis, ces cités étaient habitées
surtout par des marchands enrichis qui se souve-
naient de leur origine orientale, et qui rapportaient
de leurs courses lointaines l'instinct de la curiosité
plus qu'un amour éclairé des arts. Aussi voit-on sans
cesse, parmi les arabesques de Pompéi, des fragments
d'architecture égyptienne et des exhibitions qui singent
le style des monuments de la Perse et de l'Inde. Tels
sont ces temples aériens soutenus par des colonnes
élancées et sans proportions, qui semblent se tordre
dans les convulsions de l'agonie, et que couronnent
des Chimères ailées en guise de chapiteaux. Mais malheureusement ce n'étaient pas seulement les villes de la
province que cette dépravation de l'art avait envahies.

La métropole elle-même subissait l'influence de la
contagion, et quelques-uns des Romains de l'empire
auraient fait comme la plupart des *Athéniens* de notre
zone et de notre temps : à une statue grecque ils auraient préféré un magot chinois. Aussi avons-nous
entendu Pline l'Ancien reprocher durement à ses contemporains d'avoir abandonné la belle peinture pour
l'ostentation de la richesse, et d'attacher plus de prix à
la fantaisie et à l'exagération qu'à la science et à la
beauté.

Plus je considère d'ailleurs les fresques antiques,
plus je reconnais que les arabesques y écrasent les
tableaux, plus aussi je trouve que cela devait être, et
plus je demeure convaincu que la peinture fut entre
les mains du paganisme un instrument incomplet. Les
anciens usèrent de toutes les ressources matérielles de
l'art avec une perfection que les modernes n'ont sans
doute jamais égalée, et je ne connais rien de plus
éclatant et de plus inaltérable que les fresques de
Pompéi. Mais à côté des procédés auxquels rien n'a
manqué, il est évident que les idées qui les ont inspirés étaient incomplètes. Tant qu'il s'est agi d'em-
ployer la peinture comme motif de décoration et pour
le simple plaisir des yeux, tant que l'humanité n'est
intervenue que comme une fantaisie au milieu de mille
autres fantaisies, l'antiquité s'est montrée incomparable et s'est élevée à des hauteurs que l'art de la renaissance même n'a pas pu atteindre. La nature, qui
fut l'idole des anciens, semble les avoir payés de leur

culte en leur révélant tous les trésors de beauté matérielle qu'elle cache dans son sein. Mais la beauté seule
ne suffit pas à la peinture; ce qu'il lui faut surtout,
c'est l'humanité, c'est la passion, c'est le sentiment
intime de la dignité de l'homme, et la connaissance
des destinées de son âme immortelle. On sent, en
regardant les tableaux inspirés par le paganisme,
qu'une tristesse implacable pèse sur le monde, l'acca-
ble, l'écrase et le rend inerte. La forme est admirable,
mais la fatalité l'enveloppe de toutes parts : il lui
manque le regard profond de la foi, les ailes de l'espérance et l'expression de la charité. Toutes ces belles
figures, semblables à des statues peintes, restent froides
et muettes ; on ne peut lire au fond de leur âme, parce
que cette âme est un abîme que le dogme chrétien n'a
pas encore éclairé, et devant lequel la raison a reculé
remplie de vertige et d'effroi. Dès que l'artiste veut
pénétrer dans le sentiment intime de son personnage,
dès qu'il veut lui donner l'*expression*, et c'est là le but
véritable de la peinture, une barrière infranchissable
se dresse devant lui, et son art lui fait défaut. Si, au
contraire, il reste dans le domaine de la poésie et
s'en tient à des sujets où la beauté, l'élégance et la
grâce extérieures sont seules en jeu, il triomphe aussitôt et s'élève jusqu'à l'idéal.

Nous ne prétendons pas, il est vrai, trouver à Pompéi, à Stabies et à Herculanum des types parfaits de
la peinture antique, nous y cherchons seulement des
termes de comparaison entre les divers genres de la

peinture des anciens. Nous savons que ces tableaux
appartiennent tous à la même époque et ne remontent
guère au delà de quelques années avant l'ère chrétienne. Nous comprenons donc qu'il n'y faut voir qu'un
pâle reflet de ce qu'avaient été les grandes écoles de
peinture dans les beaux temps de l'art grec. Mais
outre que les tableaux d'histoire trouvés dans ces
villes décèlent généralement, malgré leurs incorrec-
tions, l'étude des beaux modèles, et que plusieurs même
sont certainement des copies d'originaux célèbres,
l'art qui les a produits nous a transmis aussi des
tableaux de genre, des figures isolées et sans prétentions dramatiques, des fantaisies sans nombre et surtout des arabesques en quantité prodigieuse. Tous ces
monuments, pouvant être jugés parallèlement, four-
nissent donc des preuves nombreuses à l'appui de
notre opinion.

Considérons au musée Bourbon quelques-unes des
peintures historiques tirées de Pompéi, et citons parmi
les plus renommées : la Vengeance d'Antiope ; le
Sacrifice d'Iphigénie, copie du tableau célèbre de
Timanthe ; l'Éducation d'Achille ; Télèphe nourri par
une biche ; la dernière entrevue d'Achille et de Bri-
séis, charmante composition tirée de la maison du
poëte dramatique ; Oreste reconnu par Iphigénie ;
Thésée vainqueur du Minotaure ; les Noces de Bacchus
et d'Ariane ; Chryséis rendue à son père, etc. Regardons ensuite les *tableaux de genre* où la beauté sensible est seule en jeu, tels que : la Toilette d'une

jeune fille, peinture d'une exquise élégance, pleine de
grâce et de naïveté piquante ; la Marchande d'Amours ;
la Musicienne [1], l'un des tableaux les plus précieux de
cette précieuse collection ; les Scènes comiques ; les
Caricatures ; les Satyres ; les Faunes, et surtout ces
groupes admirables de Centaures et de Bacchantes qui
symbolisent avec une chaleur et une énergie si poétiques ce qu'il y a de brutal dans l'ivresse et dans
l'amour [2]. Recherchons surtout, au milieu de ces magnifiques collections, tous les détails et tous les éléments de l'arabesque, et nous comprendrons mieux
par la comparaison de ces divers monuments que la
peinture antique nous a transmis, non à sa plus belle
époque, mais à une même époque, ce qu'elle a eu d'incomplet et ce qu'elle a eu aussi d'incomparable.

Reportons maintenant nos regards vers les *loges*
vaticanes, et de suite nous serons sous l'empire d'un
sentiment opposé à celui qui nous dominait en présence
de ce qui nous reste de plus complet de la peinture
antique. Les arabesques de Raphaël fixeront encore
notre attention, mais moins peut-être que les arabesques anciennes, parce que ces décorations reprennent

---

1. Ce tableau était transportable, ce qui est une preuve matérielle de sa valeur. Pline nous apprend en effet que les plus beaux
tableaux étaient généralement disposés de manière à pouvoir être
transportés d'un lieu dans un autre. « Nulla gloria artificum est,
« nisi eorum, qui tabulas pinxere. » Lib. XXXV, cap. x.

2. Les anciens affectionnaient particulièrement ces créations imaginaires, et Lucien nous apprend que Zeuxis se plaisait à les intro-
duire dans ses compositions.

ici leur valeur réelle et le rang qui leur appartient, parce qu'elles ne sont plus que de magnifiques accessoires qui ajoutent à la beauté des sujets principaux. Dans le musée païen, la forme brille au détriment de la pensée, et l'on cherche en vain l'idéal de l'âme sous l'idéal de la matière. C'est par une impression contraire que le peintre chrétien nous entraîne. Nos sens sont sans doute moins pleinement satisfaits; mais ce qu'il y a de plus intime et de plus immatériel en nous est vivement affecté, et l'on éprouve, en présence de ces admirables tableaux, de fortes vibrations qui répondent aux élans de nos cœurs.

Quelle belle tradition dans cet enchaînement d'œuvres magnifiques! Comme le sentiment y respire et de quelles nobles passions la peinture s'est faite ici l'interprète!... « La louange de Dieu fait l'ornement des langues éloquentes, » dit une hymne orientale; il en est des arts comme des langues. En s'inspirant de la Bible, Raphaël nous ramène, par une suite d'événements précis, à l'origine des choses, à Dieu. Quelle autorité la religion ne puise-t-elle pas dans cette antiquité, dans cette suite de faits non interrompus où la main de l'Éternel se manifeste sans cesse depuis la création jusqu'à Jésus-Christ! On peut dire de toutes ces fresques qu'elles sont remplies de l'essence d'un Dieu qui se met sans cesse à la portée de sa créature, et avec lequel l'homme, à son premier réveil, a pu établir des rapports de famille et de confiance. C'est là surtout ce qui caractérise l'élévation de l'Histoire sainte.

L'Éternel est partout, il remplit l'univers, et il apparaît,
sans se rapetisser, sous une forme sensible [1].

La Bible, qui est la plus ancienne poésie de la nature,
fournit aux arts des images propres à tout exprimer.
Elle fait voir l'Éternel construisant le monde comme un
architecte construit une maison, mesurant les mers au
compas et tirant au cordeau les limites de la terre [2].
Elle le représente comme l'administrateur infatigable
de la création et comme le type le plus parfait d'après
lequel l'homme a été conçu. Puis elle nous fait traverser ces temps magnifiques où Dieu, voyageant de monts
en monts avec son peuple, remplissait de son éclat la
terre et les cieux, tandis que partout des chants de
triomphe retentissaient en son honneur. Et par-dessus
tout, elle nous montre sans cesse à l'horizon le Rédempteur, semblable à une brillante étoile vers laquelle, depuis la création, se dirigent tous les regards
et toutes les espérances... Il y a dans toutes ces fic-
tions une réalité sublime qui doit élever le cœur de
l'artiste et inspirer son esprit s'il en comprend la
grandeur.

Reportons-nous au commencement de cette histoire
et écoutons le langage du Créateur : « J'ai donné à la
« mer les nuages pour vêtements, je l'ai enveloppée
« dans les langes des ténèbres! j'ai prononcé mon
« arrêt sur elle! j'ai dressé devant elle des portes et
« des verrous; j'ai dit : Tu n'iras pas plus loin! c'est

1. Herder a développé ces idées d'une admirable manière.
2. Job.

« ici que se briseront tes vagues fougueuses. » C'est
ainsi que Dieu commande aux éléments. Il leur parle
comme à des êtres vivants, en père en même temps
qu'en maître ; il les enveloppe de langes et leur donne
des lois qu'ils ne transgresseront jamais ; il imprime à
la marche des nuages une intention particulière, il
communique aux météores une intelligence spéciale,
et il compte jusqu'aux gouttes d'eau dont il arrose la
terre. On le voit, dès le début, il y a là un symbolisme
plein de grâce et de force, qui remplit l'univers d'é-
motions vibrant à l'unisson des nôtres. En s'inspirant
de cette poésie naïve et vivante de la nature, l'art,
qui par son essence appartient à la terre puisqu'il exige
des limites arrêtées, peut s'élever jusqu'aux hauteurs
infinies, et en nous montrant ce que nous sommes,
nous faire comprendre en même temps ce que nous
ne sommes pas. Voilà ce que ne pouvaient faire les
théogonies païennes. Comme elles n'entrevoyaient pas
le dogme de la Rédemption, elles étaient impuissantes
à donner aux arts un reflet de cette âme immortelle
dont elles ignoraient la destinée, et tous les efforts
du génie ne pouvaient aller au delà du domaine de
la beauté sensible. Il suffit de considérer les tableaux
des *loges* pour comprendre ce qui a manqué à la peinture de l'antiquité, et pour voir jusqu'où le génie
peut s'élever, lorsque, armé d'une science suffisante,
il s'inspire des origines du christianisme. C'est ainsi
que Raphaël a pu concentrer sans cesse sous un même
regard la double image du ciel et de la terre, de

l'infini et du fini. Sous ce rapport, les fresques de
la première voûte, montrant la Création avec la division de ses travaux de chaque jour, sont peut-être
les plus admirables de toutes. La lumière naît, la terre
s'étend, le ciel s'élève, le monde se peuple et se couvre d'êtres vivants. Voilà de suite, entre le ciel et la
terre, un parallélisme facile à saisir, et en contemplant
ces belles peintures, on comprend mieux les paroles
que les Hébreux prêtaient à l'Éternel : « Le ciel est
« mon trône, la terre est mon marchepied !... L'infini
« est le bord de ma tunique ! »

LA BIBLE DE RAPHAEL, DANS LES LOGES, DOIT-ELLE ÊTRE COMPARÉE A LA BIBLE DE MICHEL-ANGE DANS LA CHAPELLE SIXTINE

Quand on parle de la *Bible de Raphaël,* le nom de
Michel-Ange vient invinciblement se présenter à l'esprit, car le Florentin, lui aussi, s'était mesuré déjà
avec le texte de l'Écriture dans les voûtes de la chapelle Sixtine. Dès lors, on se demande lequel des deux
fut le plus grand, et l'on est tenté de les comparer en
les opposant l'un à l'autre. Mais où est l'utilité de
semblables rapprochements? Grâce à Dieu, il n'y a pas
entre les hommes une unité absolue de sensations et
d'organes, et rien n'est plus impressionnable et plus
varié que notre goût, nos sentiments et nos passions.
Comparer, c'est rapetisser par analogie. Pourquoi

donc chercher sans cesse à amoindrir notre admiration? Ce qu'il y a de sublime dans Michel-Ange en-
lève-t-il quelque chose à ce qu'il y a de divin dans
Raphaël? Y a-t-il entre ces deux hommes des points
de comparaison sérieuse? Et est-il même jamais entré
dans la pensée du Sanzio de vouloir rivaliser avec
Buonarotti? Je ne le crois pas. Raphaël admirait trop
sincèrement Michel-Ange pour voir en lui un rival, et
il comprenait trop bien la différence de leur nature et
les oppositions de leurs facultés pour se le proposer
comme modèle. Ce qu'on peut dire, c'est que s'il y
eut de la hardiesse dans la pensée de Michel-Ange à
tenter de peindre les travaux du Créateur, il y eut plus
de hardiesse encore à Raphaël à oser renouveler une
telle entreprise après un si redoutable exemple, et
plus de mérite à réussir.

La comparaison est d'ailleurs impossible entre les
fresques de la chapelle Sixtine et celles des *loges* Vaticanes. Le local, la dimension des tableaux et jusqu'à
la lumière, tout est différent.

La voûte de la chapelle Sixtine, avec sa hauteur,
ses vastes proportions et la mystérieuse économie du
jour qui la frappe, sollicitait le génie de Michel-Ange,
parce que l'ensemble de sa disposition exagère encore
les sensations qu'on éprouve généralement à la vue
des œuvres de ce maître. Il y a en effet dans la pensée de cet homme extraordinaire quelque chose de
sombre, de profond et d'incompréhensible, qu'on sent
plus vivement dans la Sixtine que partout ailleurs, à

cause de la manière dont sont placées ces grandioses peintures. Quand on les a regardées pendant quelque temps, on est comme au bord d'un abîme, tremblant de fatigue, de vertige et d'admiration ; on veut fuir et l'on regarde encore, et l'on reste ainsi comme sous l'empire d'un songe terrible, jusqu'à ce que l'œil se trouble et que les forces s'épuisent.

Les *loges*, au contraire, sont admirablement disposées pour faire briller le génie de Raphaël où tout respire l'abondance, le bonheur, l'amour et la grâce. Avec quel agrément et quelle douce satisfaction le regard se repose d'une fresque en voyant la fresque suivante ! Quel magnifique spectacle, lorsque les premiers rayons du soleil levant viennent inonder de leurs feux les grandes et naïves beautés de la Bible, et faire étinceler comme un riche écrin les brillantes chimères de l'arabesque ! La renaissance et l'antiquité, la religion et la science, semblent s'être réunies là dans la pensée d'un seul homme, pour ravir les sens et pour exalter l'esprit.

Les fresques des *loges* diffèrent d'ailleurs de celles de la chapelle Sixtine, comme un endroit destiné à la promenade et à la rêverie doit différer d'un lieu de prières et de méditations. Elles n'ont rien de colossal, mais, dans leurs dimensions moyennes, elles inspirent des pensées qui, pour être moins sombres, ne sont pas moins hautes, et si l'on entend par grandeur celle que la géométrie ne mesure pas, on peut affirmer que les tableaux de Raphaël ne sont pas moins grands

que ceux de Michel-Ange. Il est impossible de concevoir rien de plus gigantesque, comme pensée et comme
style, que la figure de l'Éternel faisant sortir la lumière
du chaos. Il est impossible de rêver rien de plus
idéal, comme beauté et comme grâce divine, que les
idylles patriarcales d'Abraham, d'Isaac et de Jacob;
il est impossible enfin de considérer rien de plus
émouvant et de plus pathétique que les tableaux consacrés à Moïse. Ceux qui prétendent que Raphaël a
marché à la remorque de Buonarotti, oublient ce
qu'ont fait les imitateurs de ce grand homme. Qu'est
devenue l'école florentine à la suite de Michel-Ange?
Elle a cru s'élever jusqu'à lui par les proportions
excessives de ses œuvres, et elle a produit tous ces
géants stupides qui remplissent les salles du palais
Vieux à Florence. Raphaël, au contraire, n'empruntant qu'à son propre génie le secret de la grandeur, a concentré sa pensée dans des cadres étroits,
et, loin de s'amoindrir, cette pensée est apparue avec
d'autant plus d'évidence et de clarté.

Ce qu'il y a d'admirable surtout et de vraiment
merveilleux dans les tableaux des *loges*, c'est cette
verve et cette facilité prodigieuses; c'est surtout cette
divination qui permit à Raphaël de voir les temps
primitifs et de se mettre en rapport intime avec les
hommes qui en furent la gloire. Nul n'a mieux connu
la vie patriarcale, nul ne l'a mieux fait comprendre
et n'a plus clairement entrevu l'idéal poétique d'A-
braham et de Moïse. Nul cependant n'a vécu dans un

siècle plus fécond en séductions contraires, et au milieu d'entraînements plus capables de le détourner de cette voie sublime. Il faut donc faire honneur à l'indépendance du génie du Sanzio de s'être élevé à la hauteur des traditions bibliques, et d'avoir rendu la force et l'unité de cette poétique et naïve histoire.

COMMENT IL FAUT CONSIDÉRER LA BIBLE DE RAPHAEL

On a signalé dans plusieurs fresques des *loges* certains anachronismes, certaines réminiscences de l'antiquité païenne, certaines absences de couleur locale, qu'on a reprochés au Sanzio. Que Raphaël ait manqué d'archaïsme, que dans quelques-unes de ces peintures le costume matériel et les paysages ne soient pas strictement conformes à la vérité, nous le reconnaissons volontiers. L'essentiel pour nous, c'est que le *costume moral*, c'est-à-dire l'esprit de ces tableaux, soit vrai; et à cet égard, nous espérons avoir fourni des preuves suffisantes.

Il importe d'ailleurs de ne pas oublier comment furent conçues ces belles compositions. Un palais s'élève, et pour satisfaire à l'impatience d'un pape, il faut qu'il soit aussitôt couvert de chefs-d'œuvre. Alors Raphaël, par une suite rapide de traits de génie, réalise presque instantanément, au milieu des enchan-

tements infinis de l'arabesque, une suite de cinquante-
deux tableaux résumant la poésie hébraïque de l'époque religieuse et de l'époque royale, telle qu'elle nous
est parvenue à travers le naufrage de la captivité.
Pour réaliser une pareille œuvre, la vie d'un homme
semble insuffisante : quelques années suffirent à
Raphaël.

Il faut donc écarter d'un pareil travail la méditation, le calcul, et le considérer surtout comme le résultat d'une inspiration soudaine, comme une véritable
création où tout a été trouvé sans avoir été cherché,
où le génie éclate partout et où l'effort ne se sent nulle
part. Ces peintures, aussi librement conçues que rapidement exécutées, sont les brillantes improvisations
d'un maître immortel. L'intelligence s'élève en les
regardant, et elles sont pour l'artiste le plus bel enseignement qui se puisse rêver.

Les *loges* ont été l'école de prédilection de notre
grand Poussin, l'homme le plus réfléchi qui fut jamais.
C'est là surtout qu'il comprit l'art de la composition,
la manière de concevoir et de choisir un sujet, d'ordonner et d'équilibrer les masses, de couvrir l'aridité
d'une symétrie nécessaire du voile de l'harmonie.
C'est là qu'il apprit à donner à ses figures la noblesse,
la grandeur et la simplicité, à les parer de ces belles
draperies, si savantes et si naturelles à la fois, à couronner la tête des femmes de ces magnifiques chevelures, arrangées avec un goût si exquis. C'est là qu'il
trouva le secret de ces paysages enchantés, où la pré-

sence de l'homme, où la vue des fabriques qu'il a élevées, et des ruines qu'il a laissées partout, comme son dernier mot sur la terre, ajoutent à la nature un charme d'incomparable poésie. C'est là enfin qu'il découvrit et cueillit le rameau d'or à l'aide duquel il évoqua ses plus nobles idées.

Mais ce que Poussin ne put ravir au génie de Raphaël, c'est l'essence même de ce génie, c'est précisément cette puissance et cette rapidité d'inspiration qui permettent de concevoir en un jour ce qui suffirait pour remplir, honorer et immortaliser toute une existence. La Bible a également inspiré des chefs-d'œuvre à Poussin, mais on sent toujours dans les tableaux de ce maître la méditation, le calcul, l'effort du travail ; l'inspiration disparaît souvent devant la pensée ; l'esprit est pleinement satisfait par une beauté judicieuse et par une correction idéale ; on ne trouve plus là, il est vrai, de ces fautes qui choquent les susceptibilités des érudits, et plus on réfléchit avec l'artiste, plus on admire la solidité de ses arguments. C'est ainsi que les tableaux de Poussin satisfont peut-être plus complétement la raison que les fresques des *loges;* mais il leur manque ce qui ne se cherche pas et qui se trouve moins encore, la spontanéité, la verve, l'enthousiasme et cette chaleur divine qui avait son foyer au cœur de Raphaël.

DES ÉCOLES DE PEINTURE A PROPOS DES LOGES
DE RAPHAEL

Il importe de redire encore ici ce qui a été dit en commençant, et ce que (au risque de me répéter sans cesse) je me suis efforcé de montrer dans le cours de cette étude : que, non-seulement l'esprit du Sanzio avait conçu cette série de chefs-d'œuvre, mais que sa main même leur avait donné la puissance de triompher et des outrages du temps et de la barbarie des hommes. Nous avons vu constamment les critiques les plus savants se trouver en désaccord lorsqu'ils ont voulu assigner à chacune de ces fresques un autre nom que celui de Raphaël. C'est que Raphaël est partout dans les *loges,* bien qu'il soit dans telle figure plutôt que dans telle autre. On sent qu'il a vécu là avec ses élèves, donnant un conseil à celui-ci, un encouragement à celui-là, à tous un enseignement salutaire, et prenant sans cesse le pinceau pour corriger, relever et fortifier des œuvres que la postérité devait couvrir uniformément de son nom. Ces peintures, toutes collectives qu'elles sont, appartiennent donc à un seul, comme l'honneur d'une bataille appartient au chef qui la conduit. Mais de même qu'une part de gloire revient aux généraux de la république et de l'empire dans l'exécution des plans de Napoléon, de même l'histoire de l'art doit rappeler avec éloge les vaillants artistes qui ont travaillé sous les ordres de Raphaël.

Nous sommes loin maintenant de cette modeste et généreuse abnégation qui réunissait sous un homme illustre des artistes du premier mérite ; et d'un autre côté, si les élèves ne sont plus pour le maître ce qu'ils étaient aux grandes époques de l'art, le maître aussi n'exerce plus sur ses élèves cet universel et bienveillant patronage d'autrefois : ou plutôt aujourd'hui il n'y a plus de maîtres et il n'y a plus d'élèves. Je cherche vainement, dans ce qu'on appelle les écoles de peinture, une réunion de disciples dévoués, fidèles et dociles, et je n'y trouve pas davantage cette intelligence supérieure, autour de laquelle venaient jadis se grouper d'autres intelligences avides d'apprendre. Dès qu'un artiste a acquis quelque renommée ou quelque fortune, ouvre-t-il son atelier à de véritables élèves? Non. Leur apprend-il pas à pas toutes les pratiques de son art? Point. Les initie-t-il aux secrets de sa manière? Nullement. Leur fait-il prendre part à ses propres travaux? Pas davantage. Et cependant à ces conditions seulement il serait un *maître*. Que fait-il donc? Il se contente d'ouvrir une salle d'étude, au milieu de laquelle vient poser cinq heures par jour un modèle nu, c'est-à-dire un malheureux, ou une malheureuse plus misérable encore, voués l'un et l'autre à ce triste métier. Là, un nombre plus ou moins considérable de prétendus élèves, réunis autour de ce mannequin vivant qu'on ose appeler la nature, s'évertuent à le dessiner de face et de profil, par devant et par derrière, et cet exercice se répète tous les

jours et à la même heure. Le répertoire des poses est,
comme on pense, peu varié : ce sont toujours les
mêmes contorsions et les mêmes grimaces, et je m'é-
tonne fort si au bout d'un certain temps d'une pareille
discipline, quelques sentiments élevés se sont développés
chez les jeunes hommes qui aspirent à devenir artistes.
Qu'a fait d'ailleurs pour eux le maître sous la ban-
nière duquel ils sont venus se placer? Si peu de chose
qu'on peut presque dire : rien. Il s'est contenté de
passer à peu près tous les deux jours dans ce qu'il
appelle son atelier, et de dispenser çà et là quelques
conseils aussi banals que le modèle qui les inspire.
Du reste aucune initiative de sa part, aucune parenté
entre lui et ses élèves, aucune communauté dans leurs
travaux, souvent même aucune sympathie dans leur
manière de voir. Les jeunes gens sortent de ces écoles
avec une routine qui étrangle les faibles, et dont les
forts ne se débarrassent qu'à grand'peine. Ils atten-
dent avec impatience l'heure de la liberté, le moment
où ils pourront secouer le joug académique et voler
de leurs propres ailes ; mais comme ils n'ont rien appris de sérieux, comme ils n'emportent souvent, de ces
longues années d'une routine ennuyeuse, qu'un vain
titre d'élève de monsieur tel ou tel, leur vol est presque
toujours celui d'Icare.

Rappelons-nous maintenant ce qu'étaient les maîtres et les élèves d'autrefois, l'un donnant aux autres
amour et protection, les autres lui rendant respect, fidélité et dévouement. Il y avait là plus qu'une association.

il y avait une véritable parenté : le maître aimant ses
élèves comme ses propres enfants, les élèves vénérant
leur maître et l'entourant comme un père. Mais aussi
quelle patience et quelle modestie ! Écoutons parler
un artiste du XVe siècle : « Moi, Cennino, fils d'Andrea
« Cennini, né à Colle di Valdelsa, fus formé aux se-
« crets de l'art pendant *douze ans*, par le fils de
« Taddeo, Agnolo de Florence, mon maître. Lui-
« même apprit son art de Taddeo son père. Taddeo
« fut baptisé par Giotto, qui le garda comme élève
« pendant vingt-quatre ans[1]. » Avec quel naïf orgueil Cennino Cennini énumère la filiation qui le rattache au grand Giotto ! Comme on sent que pour lui
ce sont là de véritables titres de noblesse !... Puis s'a-
dressant à sa génération : « Sache que voici le compte
« du temps qu'il te faut pour apprendre. D'abord il
« te faut un an pour étudier le dessin élémentaire
« que tu exécutes sur tablettes. Pour rester avec le
« maître dans sa boutique, te mettre au courant de
« toutes les branches qui appartiennent à notre art,
« en commençant par broyer les couleurs, cuire les
« colles, pétrir les pâtes, te rendre pratique dans la
« préparation des panneaux, les rehausser, les polir,
« mettre l'or et bien faire le grené, il te faut six ans.
« Ensuite pour étudier la couleur, orner de mordants,
« faire des draperies d'or et te rompre au travail sur
« mur, il te faut encore six ans, dessinant toujours,

1. Cennino Cennini. p. 31.

« n'abandonnant ton travail ni jour ni nuit... Autre-
« ment, quelque chemin que tu prennes, n'espère pas
« arriver à la perfection. Il y en a beaucoup qui
« disent que sans avoir été chez les maîtres ils ont
« appris l'art. Ne le crois pas[1]... » Ainsi Cennini impose treize années d'études à un élève pour devenir
artiste. Mais pendant ces treize ans, que de travaux
utiles cet élève n'exécute-t-il pas? et avec quelle ardeur il concourt aux travaux et à la gloire de son
maître !

Pénétrons un instant dans l'école de Raphaël, et
regardons une fois encore ce maître entouré de ses
élèves. Voici d'abord Jules Romain, ce brillant et fougueux génie, docile comme un enfant sous le regard
du *divin jeune homme*. Puis c'est François Penni (il
Fattore), que Raphaël traitait aussi comme un fils.
C'est Piero Buonaccorsi, ce pauvre orphelin qui sort
un jour de la boutique d'un apothicaire pour entrer
dans celle d'un peintre de cierges (maître Andrea
de' Ceri), qui s'élève ensuite à la hauteur de la
grande peinture par les leçons de Ridolfo Ghirlandajo, puis que le Vaga conduit à Rome, où il trouve
une famille dans l'atelier de Raphaël, et qui, arrivé
à la gloire, succombera jeune encore sous l'étreinte
des vices qu'il a contractés dans la misère. C'est Jean
d'Udine, qui entre à dix-sept ans dans l'école de
l'Urbinate, où il apporte les qualités entraînantes qu'il

_____

1. Cennino Cennini, p. 102.

a puisées au contact de Giorgion. son premier maître,
et de Titien. son condisciple. C'est Benevenuto Tisi
qui. avant de connaître Raphaël. avait travaillé successivement à Ferrare avec Domenico Lavero. avec
Boccaccino Boccacci à Crémone. avec Giovanni Bal-
dini à Rome. avec Lorenzo Costa à Mantoue, et avec
les Dossi à Florence. C'est Polydore de Caravage qui,
après avoir servi le mortier aux maçons qui bâtis-
saient les loges, devient un grand artiste sous l'influence du génie de Raphaël. Ce sont enfin Pellegrino
de Modène, Raffaello del Colle, Vincenzio di San Gimignano. Maturino de Florence, Jacomone de Faenza,
Timoteo della Vite et Pietro son frère, Andrea de
Salerne, Marc-Antonio Raimondi, et tant d'autres
encore dont les noms sont moins illustres, mais qui
n'en ont pas moins, après la mort du maître, répandu
ses nobles traditions par toute l'Italie, et lutté coura-
geusement contre la décadence.

C'est ainsi qu'en comparant l'éducation actuelle à
l'éducation de la renaissance, on saisit une des causes
principales qui ont fait la force des arts du xivᵉ au
xviᵉ siècle, et qui font aujourd'hui leur faiblesse[1]. Nous
n'avons plus rien de cette lente initiation, de ce travail obscur qui commençait dans l'humble échoppe
du marchand de cires, de l'enlumineur, du brodeur,
de l'orfévre et du relieur, et d'où l'enfant sortait
habile ouvrier, sachant fabriquer lui-même tout le

1. V. les réflexions dont MM. Jeanron et Léopold Leclanché ont
accompagné leur traduction de la Vie des peintres.

matériel de son art. Où sont ces ateliers féconds où
le maître payait en leçons utiles le zèle et les services
de l'élève, le formant successivement à toutes les pratiques de l'art, l'employant dans ses propres travaux,
et lui marquant ainsi un degré de confiance et d'es-
time que tout l'or du monde n'aurait pu payer? Puis
à mesure que le talent grandissait, l'association devenait plus étroite, les rapports plus intimes : le maître
n'avait d'abord confié à l'élève que l'exécution d'un
accessoire, bientôt il le chargeait de peindre une
figure, et enfin tout un tableau. Parfois même il arrivait que les rôles se trouvaient intervertis, et que
l'élève surpassait le maître. Mais le maître éprouvait
encore là un juste sentiment d'orgueil, il se glorifiait
de son élève comme un père peut se glorifier de son
fils, et Léonard de Vinci, Michel-Ange et Raphaël
ajoutèrent à la renommée de Verocchio, de Ghirlandajo et de Pérugin.

Quand je parcours les *loges* Vaticanes, quand je
vois les travaux immenses qu'ont laissés de pareils
maîtres et de pareils élèves, je ne puis m'empêcher
de faire un pénible retour sur les œuvres et sur les
hommes de nos jours, et en même temps qu'un sentiment d'enthousiasme m'entraîne vers le passé, je
me sens assaillir par de tristes pensées qui me ra-
mènent vers le présent. Non que je veuille accabler
l'art moderne du souvenir des arts qui ne sont plus.
J'honore et j'aime, sans les connaître, tous les artistes
de talent dont je sens palpiter les œuvres vivantes

autour de moi. J'ai même de leur gloire une telle
préoccupation, que je la voudrais plus grande encore
et plus complète, c'est-à-dire plus vaste, plus collective et moins personnelle. Prenons pour exemple le
plus illustre parmi les peintres de ce siècle, M. Ingres.
Ce n'est pas ici le lieu d'énumérer ses hautes qualités : chacun les connaît, et plus que personne je les
admire. Mais en songeant à ce qu'il a fait et à ce
qu'il aurait pu faire s'il avait gouverné sa vie à la
manière des maîtres d'autrefois, de vifs regrets se
mêlent à mon admiration. M. Ingres, en s'inspirant
des œuvres les plus pures de l'antiquité et de la renaissance, a eu aussi la fortune de produire dans les
arts une sorte de rénovation, et nul ne fut aussi bien
servi par les circonstances pour fonder une école. Il
avait l'autorité que donne un esprit supérieur; il était
entouré d'élèves dévoués, pleins d'une généreuse ému-
lation; enfin, de toutes parts les grandes entreprises
sollicitaient son activité. Malheureusement il lui man-
qua l'initiative nécessaire pour diriger cette jeune et
ardente phalange d'hommes de talent qui le recon-
naissaient unanimement pour maître, et au lieu d'en-
treprendre de grands travaux qui eussent perpétué ses
doctrines et assuré le triomphe de sa foi, il se contenta de sa propre renommée. Or, malgré ses veilles,
son infatigable ardeur et son activité, voilà ce grand
artiste ayant fourni déjà une longue carrière et ayant
produit relativement bien peu. En 1833, M. Ingres
était à l'apogée de sa gloire, lorsqu'il déserta la France

et abandonna ses élèves. Les moins forts, qui, bien dirigés, eussent fait ou aidé à faire de grandes choses, perdirent courage et abandonnèrent les saines doctrines qu'ils avaient d'abord embrassées ; d'autres, plus heureux, triomphèrent par eux-mêmes et se firent une position honorable. Mais j'ai la ferme croyance que leur gloire serait plus grande encore si elle s'était élevée parallèlement à la gloire de leur maître ; et de même que c'eût été un grand malheur pour l'art du xvie siècle si les noms de Jules Romain, de François Penni, de Perino del Vaga, de Jean d'Udine, de Polydore de Caravage, etc., n'avaient pas complété le grand nom de Raphaël, de même, et toute proportion gardée entre les temps et entre les hommes, il est regrettable que l'histoire de l'art contemporain n'ait pas à associer plus intimement les noms de MM. Hippolyte Flandrin, Amaury Duval, Paul et Raymond Balse, Cornu, Guichard, Paul Flandrin, Lafond, Henri Lehmann, Pichon, Chacatan, Comairas, Desgoffe, Montessuy, Louis La Motte, etc., au nom de M. Ingres.

ROME ET LA CAMPAGNE ROMAINE
VUES DES LOGES

On n'aurait pas une idée complète des *loges* de Raphaël si, après avoir étudié les œuvres d'art qu'elles renferment, on ne contemplait ensuite le spectacle splendide qu'elles dominent ; si on ne jetait un coup

d'œil sur la ville Éternelle assise et silencieuse au pied
du Vatican ; si l'on ne regardait cette plaine immense
couverte de maisons par-dessus lesquelles s'élèvent
une multitude de palais, d'églises, de dômes, de cam-
paniles, d'obélisques et de colonnes ; puis, au delà,
les ruines de Rome antique, enveloppées dans les plis
des sept collines ; et enfin le désert de la campagne
romaine avec ses magnifiques et immenses horizons
de montagnes, luttant de grandeur et de beauté sous
leurs couronnes de neiges étincelantes. On a là devant
soi ce qu'il y a de plus illustre au monde : « la terre
foulée par les Romains, la ville qu'ils avaient bâtie des
dépouilles de l'univers, le centre des choses sous leurs
deux formes principales : la matière et l'esprit ; où tous
les peuples ont passé, où toutes les gloires sont venues,
où toutes les imaginations cultivées ont fait au moins
de loin un pèlerinage [1]. » Mais pour jouir plus complétement de cette vue grandiose, rendons-lui toute
son étendue, en supprimant par la pensée les deux
ailes des *loges* élevées par Grégoire XIII et Sixte V
pour faire suite aux *loges* de Raphaël. L'œil pourra
alors embrasser sans obstacle tout l'espace compris
entre le Pincio au nord et l'Aventin au sud, entre le
Quirinal à l'est et le Janicule à l'ouest.

Remontons le cours du Tibre, traversons le fleuve
sur le Ponte-Mole, pénétrons dans Rome par la voie
Flaminienne et la porte du Peuple (autrefois *porta*

1. Lacordaire.

Flaminia), laissons en dehors des murs la villa Borghèse et l'emplacement où se trouvait le *Casino* de Raphaël que la haine des partis a sacrifié récemment sans nécessité pour la défense de la ville [1], et arrêtons-nous un moment dans l'église de Sainte-Marie-du-Peuple où le Sanzio a laissé des traces brillantes de son génie. C'est là qu'il a dessiné la chapelle mortuaire d'Augustin Chigi, couronnée par une coupole où il a représenté les planètes [2]. C'est là aussi qu'il a laissé sa statue de Jonas [3]... Et puisque nous sommes entrés dans cette église, reposons-nous un moment en présence des fresques de Pinturicchio : en rappelant l'enfance de l'Urbinate, elles portent avec elles comme un souffle embaumé des naïves et sublimes beautés ombriennes, qui font disparaître les souvenirs impurs qu'évoque en cet endroit l'ombre de Néron [4].

Regardons ensuite la belle colline du Pincio, qu'on appelait autrefois la colline des Jardins, et qui est aujourd'hui une des plus belles promenades de la ville

1. Lors du siége de Rome, en 1849.

2. Ces planètes sont en mosaïque; Raphaël en fit les cartons, G. Audran et M. Grüner les ont gravées.

3. Cette statue fut sculptée par Lorenzetto, mais elle est animée de l'esprit même du Sanzio. Il suffit, pour s'en convaincre, de regarder comparativement la statue d'Élie, dans laquelle Lorenzetto a été livré à lui-même.

4. D'après Suétone, les cendres de Néron avaient été déposées sur le penchant du Pincio, et suivant une tradition généralement admise, le pape Pascal II fonda l'église de Sainte-Marie-du-Peuple à la fin du XIᵉ siècle, pour éloigner les fantômes qui erraient la nuit aux alentours du tombeau du tyran.

et du monde. Envoyons nos vœux et nos espérances aux jeunes artistes de la villa Médicis [1], et qu'un souvenir de notre admiration pénètre aussi dans cette église de la Trinité-des-Monts, où Daniel de Volterre nous a fait pleurer avec les saintes femmes au pied de la croix. — Plus loin, en remontant vers le mont Sacré, ce sont les jardins de Salluste dont Alaric fit une ruine; c'est le temple de Vénus, et il faut convenir qu'on ne pouvait adorer la beauté dans un plus magnifique endroit; c'est l'*Agger* de Servius Tullius [2]; et au-dessous c'est le *Champ scélérat*, avec les blancs fantômes des Vestales qui y furent enterrées vives; c'est surtout la villa Ludovisi, avec sa Junon colossale et ses fresques du Guerchin. — Plus loin encore, en sortant de l'enceinte d'Aurélien par la porte Salara, voilà les jardins et les casinos de la villa Albani... Mais revenons dans Rome où nous sommes entrés par la porte Flaminienne.

La place du Peuple, avec sa décoration monumentale, ses fontaines et son obélisque égyptien, est le point vers lequel convergent la vie et l'activité de la ville moderne : lieu de fête et lieu de supplice, les dames romaines y viennent chaque jour montrer leurs

---

1. Ce palais, construit par le cardinal Ricci de Montepulciano, puis acheté et embelli par le cardinal Alexandre de Médicis (plus tard Léon XI), appartient maintenant à la France, qui y a établi son Académie des beaux-arts.

2. L'*Agger* de Servius Tullius était une fortification formée par un rempart de terre, garni d'une épaisse muraille en blocs volcaniques et protégé par un fossé profond.

parures et leur beauté. Suivons, de cette place, les
trois artères principales du *Corso*, de *Babuino* et de
Ripetta. — Le *Corso*, construit sur la trace de la voie
Flaminienne, nous conduit en droite ligne à travers
l'ancien Champ de Mars, au milieu du forum des
Antonins (actuellement place Colonne), et jusqu'à la
place et au palais de Venise. Arrêtons, chemin faisant,
notre pensée sur les palais Sciarra et Doria, asiles
sacrés pour l'art, où se sont réfugiées quelques-unes
des peintures les plus puissantes qui soient au monde :
le Joueur de Violon de Raphaël, la *Bella-Bella* Véni-
tienne, la Modestie et la Vanité de Léonard, le Saint
Sébastien de Pérugin, la Vestale Claudia de Garofalo ; le portrait de Jeanne d'Aragon, la Visitation,
l'Hérodiade, etc. — Quant à la *via del Babuino*, elle
nous mène de la place du Peuple à la place d'Espagne, au pied de la Trinité-des-Monts. — La *Via di
Ripetta*, enfin, nous incline en sens contraire vers le
Tibre et nous fait passer devant le port de *Ripetta ;*
puis, nous engageant dans la *via della Scrofa*, elle
nous conduit à l'église Saint-Louis des Français (où
nous saluons le tombeau de notre Claude Lorrain, ainsi
que les fresques éloquentes consacrées par Dominiquin
à sainte Cécile), et nous perd enfin dans le dédale
des ruelles de la ville.

C'est dans l'espace compris entre le *Corso* et la *via
di Ripetta*, c'est-à-dire entre la voie Flaminienne et
les rives du Tibre, que se trouvait le mausolée d'Auguste où avaient été déposées les cendres de Mar-

cellus, d'Agrippine, d'Octavie, sœur d'Auguste, de Drusus, de Germanicus, de Claude et de Nerva. Changé en forteresse pendant le moyen âge, ce tombeau formidable était encore au XVIe siècle au pouvoir des Colonna, quand le peuple le démantela et en fit une ruine, aujourd'hui méconnaissable. — N'oublions pas, dans cette même région, le palais Borghèse, dont le nom seul évoque la mémoire des plus rares chefs-d'œuvre : la Mise au tombeau, le portrait de César Borgia, les Noces d'Alexandre et de Roxane, et les Vices assiégeant la Vertu, de Raphaël ; la Danaé du Corrége, l'Amour sacré et l'Amour profane de Titien, la Flagellation de Sébastien del Piombo, les Madones de Francia et de Garofalo. Que de beaux souvenirs, et combien l'imagination plane avec bonheur au-dessus d'un tel sanctuaire ! Et devant ce palais, quel admirable amphithéâtre l'œil parcourt en suivant la *via Fontanella* et la *via de' Condotti*, jusqu'à la place d'Espagne et à la Trinité-des-Monts, où se dresse le bel obélisque qui ornait autrefois le cirque de Salluste. — Voilà plus loin la place de Monte Citorio, où était le *Stadium* devenu la *Curia Innocentiana*; et à côté, le portique des Argonautes et le temple de Neptune [1], dont notre prose moderne a fait une douane. — Un pas encore, et nous entrons dans le Panthéon d'Agrippa, consacré jadis à Jupiter-Vengeur.

Quelle étrange sensation l'on éprouve, lorsqu'on pénètre sous cette magnifique coupole que les anciens

1. Plus connu sous le nom de temple d'Antonin le Pieux.

comparaient à la voûte des cieux[1]! Et combien le christianisme a sagement fait d'adopter le temple après avoir brisé l'idole, et de le consacrer à la Vierge et aux martyrs[2]!... C'est dans une ancienne *ædicula*, près d'une des six chapelles pratiquées dans l'épaisseur des murs de cette rotonde, qu'il faut nous arrêter devant le tombeau de Raphaël. C'est là que tant de fois nous avons relu ces vers où le Bembo nous dit que la nature, après avoir pâli devant le génie du Sanzio, prit le deuil à sa mort :

> *Ille hic est Raphael timuit quo sospite vinci*
> *Rerum magna parens, et moriente mori*[3].

Loin de nous d'ailleurs le spectacle de la triste dépouille retrouvée naguère dans le soubassement de la

---

1. Dion pense que le nom même de cet édifice dérive de cette idée.

2. Le Panthéon fut fermé l'an 391, ainsi que tous les temples païens de Rome, et resta inoccupé jusqu'en 608, époque à laquelle l'empereur Phocas le concéda au pape Boniface IV. C'est alors qu'il fut consacré au christianisme sous le nom de *Santa Maria ad Martyres*, qu'il porte encore aujourd'hui.

3. Voici l'épitaphe qui précède ces vers, et qui a été également composée par le cardinal Bembo :

D. O. M.
Raphaeli Sanctio Joan. F. Urbinati,
Pictori eminentiss. veterumque æmulo,
Cujus spirantes prope imagines si
Contemplere, naturæ atque artis fœdus facile inspexeris.
Julii II et Leonis X Pontt. maxx. picturæ
Et architect. operibus gloriam auxit.
Vixit A. XXXVII integer integros
Quo die natus est eo esse desiit
VIII Id. April **MDXX.**

Madonna del Sasso [1]. C'est dans les sphères éternelles et non dans la poussière des morts que je cherche ce divin souvenir ; c'est dans le ciel, à travers les nuages qui courent au sommet de la coupole entr'ouverte, que je vois briller ce grand et souverain esprit [2].

Inclinant vers le Tibre, c'est encore le Sanzio qui

A côté de cette épitaphe se trouvait celle qui rappelait la nièce du cardinal Bibiena, fiancée à Raphaël, et qui mourut avant lui :

Maria Antonii F. Bibiena, sponsa ejus,
Quæ lætos hymeneos morte prævertit
Et ante nuptiales faces virgo est elata
Baltassar Turrinus Piscien. Leon. X Datar.
Et Joannes Baptista Branconius Aquilan. a cubic.
B. M. ex testamento posuerunt
Curante Hyeronymo Vaguino Urbinat.
Raphaeli propinquo,
Qui dotem quoque hujus sacelli sua pecunia auxit.

En 1674, Carlo Maratte plaça le buste de Raphaël au-dessous de l'épitaphe du Bembo, et il y ajouta l'inscription suivante, qui fit disparaître celle consacrée à la nièce du cardinal Bibiena :

Ut videant posteri oris decus ac venustatem
Cujus gratias mentemque celestem in picturis admirantur,
Raphaelis Sanctii Urbinatis pictorum principis
In tumulo spirantem ex marmore vultum
Carolus Marattus tam eximii viri memoriam veneratus
Ad perpetuum virtutis exemplar et incitamentum.
P. Ann. MDCLXXIV.

1. Cette madone fut sculptée par Lorenzetto sur un dessin de Raphaël, et placée sur l'autel de la chapelle où se trouve son tombeau. Ce fut en 1833 qu'on ouvrit le cercueil de ce grand homme.

2. La même coupole abrite les restes mortels de Balthazar Peruzzi, de Jean d'Udine et de Perino del Vaga, qui prirent une part si active aux travaux du Sanzio. C'est là aussi que reposent Taddeo Zucchero, Annibal Carrache, etc.

nous convie à entrer dans l'église de Saint-Augustin où il a peint la fresque d'Isaïe. Il semble que la main qui traça cette image ait été touchée du même charbon ardent dont Dieu purifia les lèvres du prophète. — A côté, c'est l'ancien cirque d'Alexandre Sévère, devenu la place Navone, avec ses immenses rocailles et son *rococo* gigantesque. A Rome, rien n'est mesquin, tout porte l'empreinte de la grandeur, même le mauvais goût. — Puis, voilà près de cette vaste enceinte, pleine de bruit et d'agitation, une toute petite église, silencieuse et déserte, Sainte-Marie-de-la-Paix, qui contient une des œuvres les plus harmonieuses du monde, les Sibylles de Raphaël. — Plus loin, c'est le palais Farnèse, construction colossale et digne de Michel-Ange.

Mais l'œil se perd ici au milieu des palais, des églises, des rues et des ruelles, et si nous descendions de ce côté la rive du Tibre, nous arriverions au *Ghetto*[1]. Fuyons donc, et regardons vers une autre partie de la ville, vers l'extrémité du *Corso*. — Voilà le forum Trajan, avec cette colonne merveilleuse au sommet de laquelle le prince des apôtres a pris la place de l'empereur Romain. — Non loin de là, c'est l'arc des Pantani, les ruines du beau portique du temple de Nerva, l'église Saint-Luc et l'Académie dans laquelle Raphaël nous montre saint Luc peignant la Vierge.—

____

1. Ce triste quartier n'offre d'autre intérêt que celui d'une désolante misère.

Plus haut, c'est l'église des Saints-Apôtres, près de
laquelle mourut Michel-Ange, et le palais Colonna
avec sa galerie et ses magnifiques jardins en terrasse[1].
— Puis, remontant un peu vers le nord, nous entendons murmurer l'eau vierge de la fontaine Trévi. —
Inclinant ensuite à l'est, nous arrivons, par la *ria del
Tritone*, à la place Barberini qui a succédé au cirque
de Flore et qui nous conduit : d'un côté, à l'église des
Capucins, où Guide a laissé son Archange Michel et son
Extase de saint François, deux des plus grandes pages
qu'ait inspirées le christianisme; de l'autre côté, au palais Barberini[2], où notre souvenir s'arrête sur deux
beautés qui depuis longtemps ne seraient plus que
poussière si le pinceau de Raphaël et de Guide ne les
avait immortalisées. Le génie seul, au service de
l'amour et de la pitié, a pu produire des portraits tels
que ceux de la Fornarine et de la Cenci. On n'oublie
jamais les yeux de la première quand une fois ils vous
ont regardé; on voit toujours cette poitrine dans laquelle circule un sang généreux, et ces chairs toutes
palpitantes encore du bonheur d'avoir été peintes ainsi.
Quant à Béatrix Cenci, cette criminelle et héroïque
enfant, représentée au moment où elle va marcher à la
mort, apparaît comme un brillant fantôme qui remplit

---

1. On trouve dans ces jardins les restes d'un grand escalier qui
conduisait aux thermes de Constantin.

2. C'était dans le jardin du palais Barberini que se trouvait le
Capitolium Vetus, temple dédié par Numa à Jupiter, à Junon et
Minerve.

d'épouvante et entraîne en même temps par une irrésistible sympathie.

Élevons-nous maintenant sur les hauteurs des sept
collines, et montons d'abord au Quirinal, la colline
par excellence (*collis*) [1]. — Regardons, sur la place
de *Monte Cavallo*, les colosses de Castor et de Pollux.
Quelle justesse de proportions! quelle finesse de travail et quelle harmonie dans ces groupes! Quel bel
effet font aussi, au milieu de cette place, l'obélisque
qui ornait jadis le mausolée d'Auguste [2], et la grande
fontaine dont le bassin de granit oriental a été arraché au *Forum Romanum* [3]. — Mais où sont maintenant les thermes de Constantin? où est le temple
qu'Aurélien avait dédié au Soleil? où sont les travaux
de Trajan?... Tout cela a disparu. Les ruines se sont
amoncelées les unes sur les autres, de nouvelles magnificences ont succédé aux magnificences anciennes,
comme les générations succèdent aux générations. —
Passons rapidement à travers le palais pontifical.
Qu'importe la richesse à côté de la beauté, et avec
quelle préférence mon regard cherche ici, dans le *casino* du cardinal Scipion Borghèse (actuellement palais Rospigliosi) [4], la fresque du Guide... C'est un

1. Ce nom de Quirinal dérivait, selon les uns, du temple de *Quirinus*, et, selon d'autres, de *Cures*, ville sabine. (Nibby.) Le nom
actuel de *Monte Cavallo* vient des groupes d'hommes et de chevaux qui décorent cette place.

2. Ce fut Pie VI qui transporta cet obélisque.

3. Ce fut Pie VII qui érigea cette fontaine.

4. Ce palais est construit sur les ruines des thermes de Constantin.

trait de génie que d'avoir célébré l'Aurore dans ce site
enchanté... La douce lumière s'avance entourée de
l'éclat du plus beau des dieux. Devant elle, les ombres de la nuit s'agitent et disparaissent, les vapeurs
se dorent à l'horizon, la terre s'éveille, et, se parant des
fleurs que répandent sur elle les heures matinales,
elle se montre fraîche et riante, élevant jusqu'au ciel
son encens et sa prière. Saluons cette belle allégorie
comme un pressentiment intime de Dieu, et comme
l'expression poétique du doux frémissement que l'âme
éprouve à la naissance d'un jour nouveau.

Descendons les pentes du Quirinal, traversons la
vallée (*vallis Quirinalis*) où se trouvait le temple de
Romulus Quirinus, montons au Viminal et nommons
en passant les églises de Sainte-Catherine, de Saint-
Silvestre, de Saint-Dominique et de Saint-Sixte, de
Sainte-Agathe, de Saint-Bernardin, de Saint-Vital,
de Saint-Paul-l'Ermite, de Saint-Denys, de Saint-
Charles, de Saint-André, de Saint-Bernard et de
Sainte-Susanne. — Voici les belles eaux de la fontaine
de' Termini [1], qu'un Moïse colossal fait sortir du rocher, et qui, tombant ensuite en cascades harmonieuses, nous attirent vers les thermes de Dioclétien. C'est

---

1. Cette eau vient de *Colle delle Pantanelle*, et parcourt quinze
milles avant d'arriver à Rome. On l'appelait l'*eau Alexandrine*,
parce qu'Alexandre Sévère l'avait amenée à Rome pour les besoins
de ses thermes, situés près du Panthéon. On l'appelle maintenant
acqua Felice, du nom de Félix, que portait Sixte V, qui ramena
cette eau dans la ville.

du milieu de ces ruines immenses [1] que Michel-Ange a fait sortir l'église de Sainte-Marie-des-Anges et le cloître des Chartreux, deux merveilles qui, en conviant à la prière et à la méditation, font mieux comprendre encore la grandeur des conceptions anciennes. Dans ces mêmes thermes, le christianisme a pris encore l'église de Saint-Bernard; l'édilité romaine, deux grandes places; l'administration de la guerre, des greniers gigantesques; un grand seigneur, une partie de sa villa; les particuliers, des maisons et des jardins; et malgré tous les pillages modernes, l'antiquité parle encore assez haut du milieu de ces ruines pour que l'art puisse y trouver son compte.

Sortant de la ville par la porte *Pia* et suivant la *via Nomentana*, nous trouvons les villas Patrizi et Torlonia, la belle basilique et les catacombes de Sainte-Agnès, et le temple circulaire où furent baptisées les deux Constance, sœur et fille de Constantin. — Revenant le long des remparts, nous arrivons au camp des Prétoriens dont les souvenirs terribles s'abritent à l'ombre de l'humble vigne du Macao, appartenant aux Révérends Pères. — Gagnons de là la route Tiburtine qui nous conduit à l'église de Saint-Laurent et aux catacombes de Saint-Cyriaque... La villa d'A-

---

1. D'après Olympiodore, huit mille deux cents personnes pouvaient se baigner à la fois dans ces thermes, qui comprenaient tout l'espace occupé maintenant par une partie de la villa Massimi, par les greniers publics, par l'église Saint-Bernard, par l'église de Sainte-Marie-des-Anges, par les deux grandes places, et par plusieurs maisons particulières.

drien, Tivoli et les Cascatelles sont devant nous à
l'horizon.

Mais rentrons dans Rome par la porte Saint-
Laurent et arrêtons-nous devant l'arc de Gallien, à
côté de l'église de Saint-Eusèbe, au pied de l'Esquilin;
élevons-nous sur le sommet de ce mont et écoutons
la légende. Le 5 du mois d'août de l'année 352,
sous le pontificat de saint Libère, une quantité considérable de neige tomba miraculeusement sur le sommet de cette colline et couvrit l'espace où le Sauveur
voulait qu'un temple fût élevé en l'honneur de sa
sainte Mère. Telle est l'origine de la basilique Libé-
rienne, Sainte-Marie-Majeure, le premier et le plus
splendide des sanctuaires consacrés à la Vierge. L'i-
mage vénérée de Marie couronne en cet endroit une
riche colonne de marbre blanc échappée à la basilique
de Constantin, et domine ainsi Rome ancienne et moderne. — Voici maintenant d'un côté les vastes jardins de la villa Negroni, tandis que de l'autre côté
c'est l'oratoire de Sainte-Praxède [1], qui a pris la
place des thermes de Novatus; c'est l'église de Saint-
Martin qui s'est assise sur les thermes de Trajan;
c'est Sainte-Pudentiane; c'est surtout Saint-Pierre
aux liens, où le Moïse de Michel-Ange fait éternellement retentir le nom de Jéhovah; ce sont aussi les

---

1. C'est dans cette église qu'on conserve la colonne à laquelle le
Rédempteur fut attaché pendant la flagellation. Un beau tableau de
Jules Romain rappelle, dans la sacristie, cette scène de la pas-
sion.

thermes de Titus [1], dont les arabesques préparèrent les voies à Raphaël, et à côté, c'est la grande piscine appelée les Sept-Salles ; c'est enfin, en remontant vers le sommet de l'Esquilin, la vigne de Fredis où fut trouvé le Laocoon.

Dirigeons-nous ensuite, de la place de Sainte-Marie-Majeure, vers l'église de Sainte-Bibiane et vers les ruines des jardins de Licinius Gallienus, d'où sont sortis la Minerve du Vatican [2], l'Esculape, la Pomone, l'Adonis, la Vénus, le Faune et l'Antinoüs. Puis, passant près du Columbarium des affranchis de Lucius Aruntius, allons à la porte Majeure (ancienne porte Prénestine), admirable d'aspect et de solidité, véritable arc de triomphe qui faisait partie de l'aqueduc de l'eau Claudia [3] ; suivons intérieurement le mur d'enceinte et traversons les beaux arcs Néroniens.

1. Construits sur l'emplacement de la maison et des jardins de Néron.

2. Cette statue de Minerve avait fait donner à ces ruines le nom de temple de *Minerva Medica*. Canino a démontré que là n'avait pu être un temple, mais des jardins avec quelques constructions complémentaires. — De plus, le nom de *Minerva Medica*, donné à la statue de Minerve, est inexact, car le serpent désignait ici Minerve comme gardienne des villes.

3. Les aqueducs romains doivent être comptés parmi les plus beaux monuments de l'antiquité. Il y avait à la porte Majeure six différentes eaux qui affluaient ensemble dans la ville éternelle. Au sommet, l'*Aniene nuora* venait de parcourir une longueur de soixante-deux milles. Puis l'*eau Claudia* arrivait de deux sources différentes, après un parcours de quarante-cinq milles. L'*eau Julia* était la troisième. Au-dessous se trouvait l'*eau de la Tepula*. L'*eau Marcia*, la plus pure de Rome, arrivait encore à un niveau

Nous voici dans la région consacrée à l'Espérance (*ad spem veterem*), et dans les jardins Variani [1] où sainte Hélène éleva la basilique de Sainte-Croix-de-Jérusalem, qu'elle adossa à l'amphithéâtre *Castrense*... Ainsi partout à Rome, le christianisme est venu purifier les lieux souillés par les plus infâmes mémoires. Deux ombres terribles, les ombres de Néron et d'Héliogabale, déshonoraient au nord et au sud les approches de la ville. Aussitôt deux églises se sont posées là comme des sentinelles vigilantes pour disperser ces souvenirs impurs. — C'est près de là, hors des murs, qu'était vraisemblablement aussi l'amphithéâtre d'Héliogabale, où fut trouvé l'obélisque qui décore aujourd'hui les promenades du Pincio. — Suivons la belle allée d'arbres qui, longeant le rempart, nous conduit à la basilique de Constantin, Saint-Jean-de-Latran, qui s'intitule fièrement l'église de la ville et du monde, la mère et la tête de toutes les églises : *Ecclesia urbis et orbis, mater et caput ecclesiarum.* Le monde semble en effet lui appartenir, et la vue qu'elle domine est d'une étonnante magnificence : c'est la campagne romaine, avec sa splendide aridité, ses ruines, ses tombeaux et ses aqueducs; ce sont, à l'horizon, les vertes forêts de Tivoli; c'est Palestrine, c'est Colonna,

---

inférieur. Enfin, l'*Aniene vecchia* était la plus basse de toutes. — Les deux voies *Prænestina* et *Labicana* aboutissaient aussi à la porte Majeure.

1. Ainsi nommés, du nom de famille d'Héliogabale, qui était fils de Sextus Varius Marcellus.

c'est Tusculum et c'est Frascati ; c'est la villa Aldo-
brandini et la villa Mandragone ; c'est la Ruffinella,
c'est Grotta Ferrata avec les fresques du Dominiquin ;
c'est Marino, c'est Castel-Gandolfo et la villa Barberini ; ce sont enfin les belles montagnes d'Albano et
d'Aricia ; et tout cela dominé par des montagnes plus
hautes encore, qui semblent vouloir escalader le ciel,
en élevant les unes sur les autres leurs cimes neigeuses
et glacées.

Mais arrachons-nous aux rêves enchantés qu'évoque en notre esprit cette grande et admirable nature ;
suivons la *via di S. Giovanni in Laterano* qui, de la
place du Latran, conduit à l'église de Saint-Clément,
et arrêtons-nous devant ce sanctuaire vénérable à tous
les titres, car il marque, avec une clarté merveilleuse,
l'héroïque et première étape du christianisme, et rappelle en même temps, dans les fresques de Masaccio,
l'heure décisive de la renaissance des arts. — Regardons ensuite sur le Cœlius... Voici la place de la Na-
vicella et l'église de Sainte-Marie *in Domnica* qui
porte encore la trace de la grâce des plans de Raphaël.
A côté, c'est Saint-Étienne-le-Rond qui a pris, dans
l'antique région du *Caput Africæ*, la place d'un temple
de Bacchus et de Faune. Puis ce sont les viviers et
les conserves d'eau qui nous annoncent les approches
du cirque ; c'est l'arc de Dolabella ; ce sont les aqueducs de Néron qui nous guident jusqu'à Saint-Jean-et-
Paul, fleur éclose au milieu des ruines, à l'endroit
même où habitaient les saints martyrs ; c'est enfin

l'église de Saint-Grégoire qui a pris la place de la maison du pontife, et surtout, près de cette église, la chapelle de Saint-André, où Dominiquin et Guide rivalisèrent de science et de génie.

Descendons maintenant dans la vallée qui sépare le Cœlius du Palatin, prenons la voie triomphale, et passons sous l'arc qui célèbre le triomphe du christianisme, la victoire de Constantin sur Maxence [1].

Nous voilà en présence de l'amphithéâtre des Flaviens. Considérons le Colisée [2], avec ses proportions gigantesques et ses souvenirs de férocité plus gigantesques encore; ruine effrayante, reine parmi les ruines, et qui domine tout, comme un cèdre immense frappé de la foudre montre encore son front décharné par-dessus les arbres de la forêt. Avec quelle ferveur les premiers chrétiens durent écouter les drames sacrés représentés au milieu de cette arène toute palpitante encore du sang des martyrs! Et plus tard, quelle terrible forteresse dut être cet amphithéâtre, quand les Frangipani et les Annibaldi s'en disputaient la possession! Que de beaux palais sortirent ensuite de ses flancs, lui empruntant quelque chose de sa grandeur et de sa majesté [3]... Et cependant cette ruine n'a pas

1. Rappelons encore ici, comme mémoire, le piédestal qui porta tour à tour les colosses de Néron et de Commode, ainsi que la fontaine de *Meta Sudante*, qui marquait la limite de quatre des régions de l'ancienne Rome.

2. Ce n'est que vers le VIIIe siècle qu'on commença à appliquer à ce monument le nom de *Colosseo* (Colisée), à cause de ses dimensions colossales.

3. Voir surtout le palais de Venise, construit par Giuliano da

voulu mourir; elle a triomphé de tout. du temps et des hommes, afin de rappeler sans cesse, à côté des orgies sanglantes attachées à l'erreur, le triomphe et la gloire inséparables de la vérité.

Quittons le Colisée, et remontons depuis la fontaine de *Meta Sudante* jusqu'au mont Capitolin. Laissant le Palatin à gauche, nous voyons à droite la trace des deux *celle* du temple consacré par Adrien à Vénus et à Rome; c'est sur ces ruines que le christianisme a bâti l'église de Sainte-Françoise-Romaine. Passant ensuite sous l'arc de Titus, traversons le *campo Vaccino* et regardons les trois grands arcs de la basilique de Constantin, l'une des ruines qui témoignent avec le plus de majesté de la splendeur des monuments antiques[1]; puis le temple de Romulus et Rémus, dont il ne reste que la *cella* circulaire, servant de vestibule à l'église de Saint-Cosme et Saint-Damien, et deux colonnes du *pronaos* enterrées en partie devant l'oratoire de la *via Crucis*. C'est ensuite le temple d'Antonin et Faustine, dont on voit encore les côtés de la *cella* et les colonnes de marbre monolithes qui formaient le portique; et, presque vis-à-vis, l'emplacement du temple de Vesta, où six vierges

---

Majano, pour Paul II; le palais de la Chancellerie, construit par Bramante pour le cardinal Riario; et le palais Farnèse, construit par Michel-Ange pour Paul III.

1. C'est de cette basilique, plus connue sous la fausse dénomination de *Temple de la Paix*, que Paul V a tiré la belle colonne de marbre blanc qui supporte la statue de la Vierge, devant la basilique de Sainte-Marie-Majeure.

conservaient le Palladium et le feu sacré. Voici encore, à gauche de la Curie, le temple de Castor et Pollux, d'où l'on descendait par un magnifique escalier dans le *Forum Romanum*. Admirons aussi, en face des trois colonnes qui restent de ce temple, la belle colonne de Phocas. Enfin, après avoir passé sous l'arc de Septime Sévère, allons au Capitole, en prenant la rampe de la *Cordonata* actuelle[1] : c'est la route que suivaient les triomphateurs ; elle nous conduit au pied du temple de Jupiter Capitolin.

Il y a loin de l'église d'Aracœli, avec ses arceaux mystérieux, ses peintures gothiques, ses humbles moines et sa mystique poésie, au temple superbe du maître des dieux, où les vainqueurs étalaient avec orgueil leur pourpre triomphale. Les colonnes seules sont restées les mêmes. Que de choses elles ont vues et si elles pouvaient parler, combien elles confondraient notre ignorance ! — Il y a loin aussi de la place moderne du Capitole, au bois de chênes-verts de l'*intermontium*. — Quant à la citadelle (*arx*),

---

1. Cette rampe était le *Clivus sacer*, qui partait de l'arc de Septime Sévère, s'élevait entre la *Cordonata* actuelle et les prisons Mamertines, jusqu'à l'*intermontium* et au temple de Jupiter Capitolin. — Les trois anciennes montées du Capitole donnaient sur le Forum ; nous avons nommé le *Clivus sacer*. La seconde était l'escalier de la roche Tarpéienne, qui partait des prisons et côtoyait le rocher jusqu'à son sommet. La troisième était le *Clivus Capitolinus*, qui partait du Forum et se divisait bientôt en deux routes, dont l'une passait sous l'arc de Septime Sévère et l'autre sous l'arc de Tibère, pour se réunir ensuite près du terre-plein du *Tabularium*, traverser l'*intermontium* et s'élever jusqu'au temple de Jupiter.

placée sur la cime méridionale du mont, à l'endroit même où Romulus avait construit sa cabane de chaume, il en reste à peine quelques débris dans le palais Caffarelli. — On ignore plus encore ce qu'était le temple de Jupiter Férétrien, qui recevait en cet endroit les dépouilles opimes. — La roche Tarpéienne elle-même a perdu ses proportions gigantesques, parce que la vallée qu'elle dominait a été comblée en partie, et que le temps a enlevé à ce rocher la vivacité de ses arêtes. — A la place du *Tabularium*, Michel-Ange a construit le palais sénatorial, et de chaque côté, les deux palais du Musée et des Conservateurs. — Enfin, au centre de cette place, à l'endroit peut-être où Romulus avait placé son asile, voilà la belle statue équestre de Marc-Aurèle, qui semble encore commander à ses troupes... Ainsi, il ne reste plus rien des antiques splendeurs du Capitole. Mais notre admiration pour ce qui est, vient modérer l'excès de nos regrets pour ce qui fut. Elle est si belle, cette rampe qui conduit à l'Aracœli et qu'envahit déjà l'herbe des ruines! et si beaux aussi sont les humbles moines qui, en gravissant ce rapide escalier, semblent monter au ciel! Quant aux fresques de Pinturicchio, qui, dans l'église chrétienne, nous racontent d'une façon si naïve et si touchante l'histoire de saint Bernardin, avec moins de beauté sensible, elles ont certainement plus d'action sur nos âmes que n'en auraient les froides statues des dieux olympiens.

Jetons encore, avant de quitter le Capitole, un coup d'œil sur le *Forum* et sur les lieux environnants. Regardons où étaient les rostres, le comice, la curie, la græcostasis, les stations des municipes, et les différents *forum* qui convergeaient vers le *Forum* par excellence (*Forum Romanum*). Voici la place qu'occupaient les basiliques, les bibliothèques, les temples, les arcs de triomphe, les portiques et les prisons. Ici, ce sont les temples de la Concorde, de la Fortune et de Jupiter Tonnant; là ce sont les prisons Mamertines; ailleurs c'étaient des théâtres, et plus tard ce furent partout des églises... A Rome, rien n'est mort, tout s'est transformé.

Nous arrivons à la plus célèbre des sept collines de Rome, à la colline centrale où Romulus avait fondé sa ville, où habitèrent les rois, où naquit Auguste[1], et où les empereurs élevèrent le palais gigantesque dont les ruines dépassent et effraient l'imagination. On dirait des fragments de rochers qui s'élèvent et s'insurgent contre le ciel qui les a frappés. Rien n'égale la grandeur de ces débris, si ce n'est leur incomparable poésie. Depuis Genséric et depuis Totila, tout le moyen âge et les temps modernes se sont abattus sur ces ruines, que la nature a couronnées d'acanthes, de lierres, de cyprès et de lauriers. C'est

---

1. « Natus est Augustus M. Tullio Cicerone et Antonio consu-
« libus, IX calendas octobres, paulo ante solis exortum, regione
« Palatii ad Capita bubula. » (Suétone.)

dans ce palais des Césars que les Farnèse [1] et les Mattei [2] prirent leurs *villas*. Dans l'une, située sur le versant septentrional du mont, on retrouve encore la trace de la bibliothèque Palatine et du temple qui rappelait la bataille d'Actium. Dans l'autre qui, sur le côté opposé de la colline, a pris la place du portique et des jardins d'Adonis, c'est Raphaël lui-même qui a évoqué le souvenir des muses et des dieux de la fable [3].

Descendant du côté du Tibre, nous tombons dans le Vélabre, qui touchait au *Forum Romanum* par les basiliques Julia et Emilia [4]. C'est là, dans le voisinage du *forum boarium*, que s'élève l'arc de Janus Quadrifrons, dont le moyen âge avait fait une forteresse. A côté, est le petit arc de Septime Sévère et l'église de Saint-Georges *in Velabro;* et un peu plus loin la *Cloaca Maxima*, un de ces monuments impérissables qui démontrent la puissance et la solidité du génie romain [5]. Enfin, en tournant la vallée de l'Aventin,

1. La *villa Farnesiana* fut construite par Paul III. Elle appartient maintenant au roi de Naples.

2. La *villa Palatina*, construite au xvie siècle par les Mattei, passa ensuite aux Spada, puis aux Magnani et aux Colocci. Tombée de nos jours au pouvoir de M. Ch. Mills et enfin de M. Plowden, des excentricités toutes britanniques sont venues profaner par leur mauvais goût la majesté des plus grands souvenirs.

3. Ces peintures ont été restaurées, c'est-à-dire abîmées par M. Camuccini. On en juge mieux aujourd'hui d'après les gravures de Marc-Antoine.

4. Comme on le peut voir dans l'ancien plan de Rome, conservé au Capitole.

5. La *Claoca Maxima* est un égout admirable, au moyen du-

voici l'église de Sainte-Anastasie, et, tout près de la
sépulture de la vierge romaine, le grand Cirque (*Cir-
cus Maximus*), où jadis se pressaient cent cinquante
mille spectateurs avides d'émotions sanglantes, où
s'élèvent aujourd'hui des greniers à foin, des écuries
et quelques pauvres masures dans lesquelles la misère
et la fièvre se disputent le pas[1]. — Poursuivons cependant, et après avoir traversé le ruisseau où coule
l'eau Crabra, qui nous apporte au milieu de ces tristes
solitudes un frais souvenir de Tusculum et de Cicéron,
regardons les thermes de Caracalla, un des débris les
plus grandioses de Rome et du monde. Que de riches
pavés! que de belles mosaïques! et quelle quantité de
statues admirables sont sorties du sein de ce colosse
en ruine! L'Hercule et le taureau Farnèse, la Flore
Farnésienne et le torse du Belvédère donnent la mesure
de tant de chefs-d'œuvre anéantis.

Sortons, par l'ancienne porte Capène, de l'enceinte
de Servius Tullius, laissons à droite l'église dans laquelle
saint Césarée ensevelit sainte Domitille, et suivons
cette longue voie Appienne, où l'œil se perd au milieu
des ruines et des tombes. Voici d'abord la sépulture
des Scipions, puis les *columbaria* des affranchis d'Auguste et de Livie, derniers asiles où la mort venait se
ranger comme s'était rangée la vie, où la matière était

quel Tarquin dessécha les marais infects qui remplissaient cette
partie de la ville.

1. L'industrie, qui envahit tout, a construit un gazomètre sur
l'emplacement du grand Cirque.

comme effacée, réduite à un peu de cendres contenues dans de petits sarcophages ou dans des vases élégants, où enfin de légères arabesques, écartant tout
appareil lugubre, entouraient de feuillages et de fleurs
la mémoire des morts. C'est ensuite l'arc qui célèbre
les victoires de Drusus sur les Germains. C'est, en
dehors des murs, l'église *Domine quo radis*, qui s'élève
à la place où Jésus-Christ apparut à saint Pierre.
C'est la basilique de Saint-Sébastien; ce sont les
grandes catacombes où saint Calixte, quatorze papes
et plus de cent cinquante mille chrétiens furent enter-
rés. C'est, de l'autre côté, la vallée d'Égérie. C'est le
cirque de Romulus, montrant ses *carceres* surmontés
de tours, son *cireus* partagé en *podium* et en *præcinc-
tiones*, et sa *spina* jadis ornée d'obélisques[1], de
colonnes et de statues. C'est le temple également dédié
au fils de Maxence, avec ses épaisses murailles et sa
belle *cella* circulaire, où s'assemblait la *pompa circen-
sis* avant les jeux du Cirque, et qui fut ensuite une
forteresse avant d'être définitivement une ruine[2]. C'est
la masse imposante du tombeau de Cecilia Metella,
avec les créneaux que les Gaetani y ajoutèrent au
XIIIe siècle, lorsqu'ils en firent leur citadelle. Enfin
c'est une longue file de sépulcres de toutes les formes

1. L'obélisque de granit rouge, qui décore aujourd'hui la place
Navone, a été tiré de ce cirque par Innocent XII.
2. Au commencement du XVIe siècle, la masse circulaire de ce
temple appartenait encore aux Borgia, d'où le nom de *Torre de'
Borgiani* qu'on lui donnait alors.

et de tous les âges, rangés de chaque côté de la voie comme une double haie de fantômes accablés par le temps, et qui, si nous les suivions, nous conduiraient jusque près d'Aricia, en nous montrant, chemin faisant, le champ sacré des Horaces.

La religion est le caractère de cette incroyable nature : « Tout y est profond, et celui qui, se promenant le long des voies romaines, n'a pas senti descendre dans son cœur la pensée de l'infini communiquant avec l'homme, ah ! celui-là est à plaindre, et Dieu seul est assez grand pour lui donner jamais une idée et une larme [1]. »

De quelque côté qu'on se tourne, on ne rencontre que le désert avec son silence, sa tristesse et sa haute poésie. Les temps modernes ont passé là sans rien défigurer, et ce coin de terre semble inaccessible à toutes les séductions de la matière. Cette campagne sublime appartient à la mort, elle en a l'incommensurable grandeur, et sa richesse n'est pas de ce monde. Ou plutôt, une flamme immortelle anime ici la poussière du néant : tout y rappelle l'infini qui fut, tout y fait songer à l'infini qui sera, et nulle part on ne conçoit mieux le sens divin de la vie... Loin de ces lieux les barbares qui, dans leur matérialisme grossier, n'estiment les choses qu'en vue de leur utilité immédiate ! L'aridité de cette noble solitude les ferait sourire de pitié ; ils écraseraient sans émotion les douces fleurs

---

1. Œuvres du R. P. H.-D. Lacordaire. t. IV, *Mélanges*, p. 174.

qui parent et caressent les tombes, et ne sentiraient rien des tressaillements de cette terre toute palpitante des souffrances et de l'amour du passé.

Mais quittons la voie Appienne et, inclinant à l'ouest vers le Tibre, transportons-nous sur la route d'Ostie (*via Ostiensis*). Le grand nom de saint Paul remplit toute cette partie de la campagne de Rome. Nous trouvons d'abord, à l'endroit même où l'Apôtre fut enterré, la basilique la plus ancienne de Rome et de toute la chrétienté ; puis, sur la route d'Ardée (*via Ardeatina*), l'église de *Saint-Paul-aux-Trois-Fontaines* qui abrite la place où saint Paul fut décapité, et les trois sources qui jaillirent miraculeusement aux endroits où bondit sa tête. N'oublions pas, à côté, l'église consacrée à la Vierge, Sainte-Marie *scala cœli*, et surtout cette autre église dédiée à saint Vincent et à saint Anastase, dans laquelle les interprètes éloquents de l'école romaine ont peint les douze apôtres, d'après les cartons de Raphaël. — Rentrant à Rome par la porte Saint-Paul, nous trouvons la grande pyramide de Cestius, et à gauche le mont Testaccio, où Poussin aimait tant à venir rêver.

Élevons nos regards vers l'Aventin [1], autrefois couvert de splendides édifices, aujourd'hui désert et habité par la *malaria*. Où sont les bois de myrtes consacrés à Vénus ? où sont les temples de Junon, de Diane et de Minerve ? où est l'*atrium* de la liberté ? où sont les

---

1. Cette colline ne fut pas comprise dans le *pomœrium* avant le règne de Claude. (Tacite ; Aulu-Gelle.)

palais célèbres de Sura et de Trajan? et les thermes
de Décius et de Varius, où sont-ils?... Quelques ruines
douteuses permettent à peine d'indiquer la place où
furent quelques-uns de ces monuments, et l'œil ne
rencontre maintenant sur cette colline que des églises
et des cloîtres dangereux à habiter. C'est l'église qui
consacre le lieu où saint Pierre baptisa sainte Prisque.
C'est l'église de Sainte-Marie *in Aventino*, devant laquelle il faut aller pour comprendre la grandeur et la
majesté des ruines et de la campagne romaine. C'est
l'église de Saint-Alexis. C'est surtout l'église bâtie dans
la maison de sainte Sabine, près de laquelle s'élevait
le temple que Camille avait érigé à Junon Regina après
la prise de Véies. Un chef-d'œuvre nous attire dans
ce sanctuaire où habita saint Dominique, c'est Notre-
Dame-du-Rosaire, entourée de saint Dominique et de
sainte Catherine de Sienne, admirable tableau de
Sassoferrato, le dernier des maîtres italiens que semble avoir inspiré le génie de Raphaël.

Dirigeons-nous maintenant vers les rives du Tibre,
en suivant de l'œil les pentes escarpées de l'Aventin :
c'est là qu'était l'antre de Cacus. Voici les débris du
pont Sublicius, avec le souvenir d'Horatius Coclès, et
de l'autre côté du fleuve, l'emplacement du camp de
Porsenna. Plus haut, c'est le temple de Vesta et le
pont Palatin [1]. Plus haut encore, le pont Fabricius [2]

---

1. Aujourd'hui *Ponte Rotto*.
2. Aujourd'hui *Ponte de' Quattro Capi*.

nous conduit dans l'île du Tibre, où l'on adorait Esculape et où l'on honore maintenant saint Barthélemy.
Enfin, sortant de cette île en traversant le pont Cestius[1],
nous abordons au Transtevere, dans la partie basse
duquel notre regard cherche surtout deux églises :
Sainte-Marie *in Transterere*, où Dominiquin a laissé
son Assomption ; et Sainte-Cécile, où Jules Romain,
se faisant l'interprète d'une idée sublime de Raphaël,
a peint le martyre de la courageuse vierge.

Montons enfin sur le Janicule [2]. Voici l'église de
Saint-Pierre *in Montorio*, où se trouvait la Transfigu-
ration, où l'on voit encore des traces lumineuses du
génie de Michel-Ange et du talent de Sébastien *del
Piombo ;* et à côté, le petit temple circulaire que Bramante éleva à l'endroit même où fut posée la croix
du prince des Apôtres. Quels magnifiques horizons
domine cette église !... A côté, c'est la fontaine Pau-
line et les larges nappes d'eau dont elle arrose toute
cette partie de la ville ; et à deux pas de là, la porte
Saint-Pancrace qui rappelle de récentes douleurs, et
la villa Pamphili Doria, avec ses belles eaux, ses vastes jardins, ses pins en parasol et son admirable vue
de la basilique Vaticane.

Redescendant au pied du Montorio et suivant la
via della Longara, voici la Farnésine où Raphaël a
interprété, au nom de la renaissance, les fables les

1. Aujourd'hui *Ponte di San Bartolomeo.*
2. Aujourd'hui *M. S. Pietro Montorio.*

plus gracieuses du paganisme. Puis. c'est la *villa Lante* que Jules Romain construisit pour le dataire de Léon X. Balthasar Turini de Pescia. grand ami de Raphaël et son exécuteur testamentaire. C'est encore l'église où résonne sans cesse l'hymne de *Regina cæli*. C'est le palais que le cardinal Bernard Salviati fit construire pour y loger le roi de France Henri III. C'est surtout cette poétique église de Saint-Onufre, avec ses fresques du Dominiquin, ses souvenirs de Tasse et son cloître qu'illumine une Vierge de Léonard. C'est enfin la porte Saint-Esprit par laquelle on entre dans la cité Léonine.

Vous voilà revenus dans l'enceinte des bastions du Vatican. Ici c'est la villa Barberini; là c'est la villa Cesi, avec leurs beaux aspects de Rome et de la campagne. — En redescendant vers le Tibre, nous voyons encore les restes de l'ancien pont triomphal, et un peu plus haut le pont Élius [1], qui donne accès au mausolée d'Adrien. C'est dans la décoration de quelques-unes des chambres de cette forteresse que Perino del Vaga continua les nobles traditions de Raphaël.—Enfin, tout le vieux bourg de Rome (*borgo Vecchio*) s'étend à nos pieds, précédant la colonnade et la place de Saint-Pierre. On est tenté d'en vouloir à cette belle colonnade, quand on songe qu'elle a fait disparaître le palais que le Sanzio s'était fait construire à proximité du Vatican et où il mourut accablé par son génie.

1. Actuellement pont Saint-Ange.

Ainsi c'est le souvenir de Raphaël qui nous a guidés dans cette promenade à travers la ville Éternelle. C'est la flamme de cet esprit puissant qui nous a éclairés au milieu des églises et des palais qu'il a enrichis de fresques et de tableaux, et même au milieu des ruines qu'il s'appliquait sans cesse à dessiner et à restituer.

Tels sont les traits principaux du magnifique spectacle dont on jouit ou plutôt dont on jouirait des *loges* de Raphaël, si Grégoire XIII et Sixte V n'avaient masqué par des constructions maladroites une partie de cette incomparable vue. Il n'y manque que la basilique de Saint-Pierre, qui domine tout et que rien ne domine; et plus haut encore, le *monte Mario* avec la villa Madame, où nous attire encore l'inépuisable fécondité de Raphaël... De quelque côté qu'on regarde, on ne rencontre que de grandes choses et de grands souvenirs : une nature imposante, pleine de douceur et de mélancolie, qui se perd en des horizons immenses, peuplés de souvenirs plus immenses encore. C'est Tivoli et Vicovaro, Poli et Subiaco, Palestrine et la vallée de Valmontone, et plus loin, Anagni, Ferentino et Frosinone; c'est Colonna, Frascati, Grotta Ferrata, Marino, Rocca di Papa, Palazzuola, Monte Cavo, Castel Gandolfo, Albano, Aricia, Genzano et Némi. Est-il au monde d'aussi beaux noms pour rappeler d'aussi belles choses?

Quand, après avoir contemplé dans les *loges* les récits de la Bible, on cherche à pénétrer le mystère

de cette ville, vieille de plus de deux mille six cents
ans, la pensée s'exalte, le cœur s'élève et s'enflamme
d'enthousiasme; on est comme enveloppé d'une influence bénie qui fait mieux comprendre les enseignements de l'histoire et la poésie de la nature, on sent
l'esprit de Dieu qui emplit le ciel et la terre, on est
près de l'infini et l'on a conscience de ce que l'humanité
renferme d'éternel et de divin. Que de contrastes!
que d'enseignements! et comme partout à Rome la
roche Tarpéienne se dresse à côté du Capitole. Près
d'un palais, voici une ruine; à côté d'une riche villa,
voilà des tombeaux; des déserts, où la mort a fait un
vide immense, apparaissent à l'extrémité de ruelles où
la vie s'entasse misérablement dans de pauvres maisons; ailleurs, c'est une colonne, un obélisque ou un
temple qui projettent leur ombre, non plus sur des
triomphateurs ou des dieux, mais sur d'humbles troupeaux de chèvres; près d'une étable, se dresse un
arc de triomphe, et des bœufs montrent leurs longues
cornes au milieu du *Forum*; partout enfin le christianisme s'est assis sur les autels brisés du paganisme.
Cependant c'est toujours le même ciel et le même
soleil. Au milieu de tant de débris, de tant d'orgueil,
de tant de bruit et de tant de misères, les montagnes
seules, à l'horizon, sont restées debout, immuables
dans leur forme, éternelles dans leur majesté silencieuse, et s'élevant toujours avec la même jeunesse et
la même beauté. « Nous nous ensevelissons tous les
« uns les autres, et le monde à venir marche sur la

« tête du monde passé[1]. » Voilà l'éternel écho que répètent ici la campagne et la ville. Mais quelque sublime que soit ce spectacle, il faut regarder plus haut encore pour comprendre le commencement et la fin, et répéter avec le Psalmiste : « Seigneur, c'est par « toi seul que nous existons de générations en géné- « rations. Avant que la terre fût, tu étais déjà, toi, qui « es Dieu de monde primitif en monde primitif. Tu « fais retourner l'homme dans la poussière et tu dis : « Générations nouvelles, venez! A tes yeux, mille et « mille ans ne sont qu'une partie de la nuit, de la « journée d'hier qui vient de finir!... »

POURQUOI LES LOGES DE RAPHAEL NE SONT PLUS
QU'UNE RUINE

Cette grande et noble poésie nous ramène encore vers les fresques de la Bible, dans la loge vaticane, à laquelle nous avons essayé de rendre un instant son ancienne splendeur, mais qu'il faut nous décider à voir aussi sous son véritable aspect, c'est-à-dire presque comme une ruine.

Quelle catastrophe a donc passé par là? Quel vent de mort a soufflé sur ces arabesques, et jusqu'au sommet de ces voûtes où plane encore un esprit invin-

---

1. Extrait d'un poëme arabe sur la mort.

cible?... Ici une date lugubre pour l'Italie, fatale pour les arts, honteuse pour l'humanité, vient se dresser devant nous; c'est 1527, qui a fait à Rome autant de ruines, parmi les monuments de la renaissance, que trois siècles d'invasions en avaient fait parmi les monuments de l'antiquité. Cette date funeste, qui marqua pour la péninsule l'époque définitive de son asservissement, on la retrouve partout à Rome écrite en traits sanglants, et c'est de *la loge* de Raphaël surtout qu'on peut suivre toutes les péripéties de cet horrible drame[1].

Déjà des prophéties et des présages avaient annoncé aux Romains la ruine qui les menaçait, et un Siennois, nommé Brandano, prêchait depuis quelque temps dans Rome, comme autrefois le prophète à Jérusalem... Le 5 mai, le connétable Charles de Bourbon parut à la tête d'une armée composée de vingt mille Allemands, de six mille Espagnols, de quatorze mille Italiens vagabonds, recrutés çà et là pour le pillage, et commandés par Colonna et Louis de Gonzague (dit le Rodomont). L'assaut commença le 6 au matin, sur toute la muraille qui s'étend de la porte Cavallegieri à la porte Saint-Pancrace. Un brouillard épais enveloppait d'un voile funèbre la campagne et la ville. Bourbon fut frappé mortellement

---

1. Ce fut ce désastre qui chassa de Rome ceux des élèves et des amis de Raphaël qui y travaillaient encore: Jean d'Udine, Perino del Vaga, Polydore de Caravage, Vincenzio di S. Gimignano, Balthazar Peruzzi, etc.

au début de l'attaque[1]. Cet homme, que les Allemands eux-mêmes appelaient *le Gueux,* mourut traître à son roi, traître à son Dieu; mais sa mort arriva trop tard pour sauver la ville sainte des malheurs qui la menaçaient[2].

A neuf heures vingt minutes du matin, un détachement d'Espagnols pénétra dans le quartier Saint-Esprit, au-dessus du jardin du cardinal Emellino, par la fenêtre d'une maison qui interrompait de ce côté les lignes de fortifications. Là, sans doute, de généreux citoyens se présentèrent pour s'opposer à l'invasion, et périrent glorieusement les armes à la main. Mais presque aussitôt toute résistance sérieuse cessa faute d'initiative et de commandement. Il n'y eut plus de combat, il n'y eut que des massacres; il n'y eut plus de héros, il n'y eut que des victimes. Les habitants se rendirent à merci, et le peu de troupes capables de combattre se retrancha dans le château

1. On sait que Benvenuto Cellini prétend avoir tiré le coup d'arquebuse qui frappa Bourbon. Cellini s'est vanté de bien des choses. Quoi qu'il en soit, on aime à se figurer la main d'un artiste donnant le coup mortel à l'homme qui allait porter aux arts une si cruelle atteinte.

2. « ... Bourbon, à la tête des plus intrépides assaillants, tenait « de la main gauche une échelle appuyée contre le mur, et de la « droite faisait signe à ses soldats de monter pour suivre leurs ca- « marades; en ce moment il reçut une balle d'arquebuse dans le « flanc, qui le traversa de part en part; il tomba à terre, mortelle- « ment frappé. » (V. pour tous les détails de cette triste histoire le *Sac de Rome, écrit en* 1527 *par Jacques Bonaparte, témoin oculaire; — traduction de l'italien par N. L. B.* Florence, imprimerie grand-ducale, 1830.)

Saint-Ange, où le pape s'était réfugié. Alors commença cette longue série d'orgies sanglantes dont l'épouvantable souvenir dégrade et déshonore l'humanité. Regardez d'ici ces scènes d'horrible cruauté où rien n'est respecté, ni la faiblesse de l'enfant ni la pudeur de la femme. Voyez les luthériens de Frauenberg, tant acharnés contre les papistes, piller les églises, souiller les couvents, et, après avoir assouvi leur brutalité sur la chair palpitante de leurs victimes, se ruer comme des sauvages sur toutes les œuvres d'art, renverser les statues, briser les marbres, brûler les tableaux et détruire les fresques. Suivez surtout ces hordes barbares qui se précipitent sur le Vatican, criblant les murailles de balles et de boulets, pénétrant dans la cour de Saint-Damase, appliquant leurs échelles et leurs cordages au balcon même des *loges*, et commençant par l'œuvre du Sanzio les profanations qu'elles vont poursuivre partout dans Rome.

J'ai souvent regardé, vers le milieu de la *loge* de Raphaël, une petite porte où la hache des bandouliers de Charles-Quint a laissé des cicatrices profondes. C'est par là, sans doute, que les barbares pénétrèrent dans les *stanze* et jusqu'aux appartements du pontife.

Du château Saint-Ange, où il s'était retranché, Clément **VII** voyait tous ces crimes se commettre, non-seulement dans Rome, mais aussi dans la campagne. Le fer et la flamme promenaient partout la mort et l'incendie. L'air retentissait des plaintes des mourants et des cris des bourreaux. Il y eut un moment où le pape, regardant vers le *Monte-Mario*, vit les flammes qui dévoraient sa villa. Il se souvint alors de Raphaël et de ses plus chers élèves, qui avaient prodigué là tous les trésors de leur génie ; ses yeux se remplirent de larmes, et se tournant vers les cardinaux de sa suite, il leur dit : « Pompée (Colonna) me paie une dette. « J'ai fait brûler ses châteaux, et voici sa vengeance. « Que la volonté de Dieu soit faite[1] ! »

Je me suis toujours étonné qu'un si terrible événement n'ait laissé à Rome d'autres traces que des ruines irréparables, et j'ai vainement cherché quelque monument funèbre, quelques tableaux qui rappelassent tant d'atrocités, en les dénonçant à l'indignation des âges futurs. Il semble qu'on ait voulu bien vite oublier tant d'opprobres et en chasser jusqu'au souvenir. A part les balles dont les murailles du Vatican sont criblées, à part les mutilations commises dans les *loges*, dans les *stanze* et dans d'autres endroits, je n'ai trouvé aucune preuve matérielle de cette catastrophe... Je me trompe, à l'*Armeria pontificale*, le hasard a rapproché l'armure que portait le connétable de Bourbon, quand il fut tué devant Rome, de celle que portait Jules II quand il entra par la brèche à Mirandole : la première a son cuissard percé d'une balle, et la seconde est intacte ; on regarde l'une avec horreur, et

______

1. Clément VII, pour se venger de la trahison des Colonna, avait fait brûler par Vitelli les châteaux de Marino, de Monte-Fortino, et ravager Gallicano et Zagarolo. Ce fut surtout Colonna qui attira sur Rome la vengeance de Charles-Quint.

l'autre avec admiration. On voit en outre sur le mur extérieur de l'hôpital San-Spirito, à l'endroit même où les barbares s'introduisirent d'abord dans Rome et où probablement un assez grand nombre de citoyens périrent glorieusement les armes à la main, une belle inscription gravée sur marbre et rappelant qu'un sang généreux coula en cet endroit pour la défense de la patrie. J'ai recueilli avec un pieux respect chaque lettre de cette inscription, et je la transcris parce qu'elle est, je crois, la seule qui rappelle avec honneur le drame de 1527 :

D — O — M

BERNARDINUS PASSERIO

JVLIVS II LEONIS X ET CLEMENTIS

VII PONTTT. MAXXX. AVRIFICI

AC GEMMARIO PRESTANTIS

QVI CVM IN SACRO BELLO PRO

PATRIA IN PROX. JANIC. PARTE

HOSTIVM PLVREIS PVGNANS

OCCIDISSET ATQVE ADVERSO

MILITI VEXILLVM OBTVLISSET FOR-

TITER OCCVBVIT PR-N-MAI ∞ DXXVII

V - A - XXXVII - M - VI - D - XI

JABOBVS ET OCTAVIANVS PASSERII

FRATRES PATRI AMANTISS. POSVERE

Enfin le peuple s'est vengé de Bourbon et de tous les soldats étrangers, qu'il regardait comme les soldats de Bourbon, en faisant du mot de *Borbone*, par dérivation *Birbone*, la plus sanglante des injures ; et lorsque dans

une querelle, le vocabulaire des gros mots étant
épuisé, on en vient à s'appeler du nom de *Birbone*, il
ne reste plus que le couteau comme argument suprême.

Ainsi c'est surtout au connétable de Bourbon et aux
désastres qu'il attira sur Rome qu'il faut attribuer la
dévastation des *loges*. Puis le temps est venu compléter l'œuvre de destruction. Ces galeries étant complétement ouvertes et exposées à toutes les influences
climatériques, l'eau de pluie, qui pénétrait d'abord
dans la *loge* du troisième étage, s'infiltrait lentement
(surtout du côté de la cour) à travers les voûtes de la
seconde *loge*, précisément celle qui contient la *Bible
de Raphaël*, et détériorait ces belles peintures. Quand
on songe que pendant trois siècles l'air, le soleil et
l'humidité ont réuni constamment leurs efforts contre
ces fresques, on s'étonne encore de les trouver dans
l'état de conservation où elles nous sont parvenues,
et l'on croit que les chefs-d'œuvre ont aussi leur
Providence.

DES PRÉCAUTIONS PRISES POUR S'OPPOSER A L'ENVAHISSEMENT DE LA RUINE

Maintenant de sages précautions ont été prises.
Cette ruine lente et toujours croissante, que trente-
quatre pontifes éclairés avaient vue, je n'ose dire

avec indifférence, mais enfin sans y porter remède,
choqua la délicatesse d'un soldat ignorant. C'est à
Murat que revient l'honneur d'avoir songé le premier
à garantir la *loge* de Raphaël par un vitrage qui la
préserve maintenant des injures du temps. Cependant
Murat n'avait pas fait assez, et le vitrage que Grégoire XVI posa à la *loge* supérieure était également
indispensable, puisque c'est surtout par ce troisième
étage que la pluie pénètre dans les voûtes qui con-
tiennent la *Bible de Raphaël*. Enfin l'administration
pontificale, enflammée d'un zèle peut-être excessif, a
posé récemment des vitres partout, non-seulement au
premier étage des *loges* construites par Raphaël et que
ni Murat, ni Gégoire XVI n'avaient couvert de châssis
vitrés, mais à toutes les autres *loges* construites par
Grégoire XIII et Sixte V. De sorte que maintenant ce
ne sont plus des *loges* qui entourent la cour de Saint-
Damase, ce sont de véritables cages où l'air ne circule
plus avec cette abondance qui fait le plus grand
charme de la *loge* italienne. Mais mieux vaut trop de
précautions que pas assez. Toutefois peut-être ferait-on
bien, pour rendre aux *loges* Vaticanes un semblant de
physionomie, de mettre une couleur sombre sur les
châssis des fenêtres qui ferment maintenant toutes ces
arcades, et d'appliquer une couleur identique sur les
remplissages de maçonnerie qui unissent entre eux les
balustres des balcons. De cette façon, les *loges,* vues
extérieurement, produiraient encore une sorte d'illusion ; tandis qu'en peignant en blanc ces châssis et en

laissant à la maçonnerie sa couleur naturelle, on semble avoir voulu ajouter une disposition nouvelle à l'ancienne construction, et non avoir subi une nécessité qui devenait de jour en jour plus impérieuse.

LES FRESQUES DE RAPHAEL DANS LES LOGES SONT PURES
DE TOUTE RESTAURATION

Quant aux restaurations, jusqu'à ce jour elles ont heureusement épargné les fresques des *loges* de Raphaël. On a dit souvent que Sébastien del Piombo avait retouché ou plutôt grossièrement abîmé ces peintures, et que Titien lui-même en avait manifesté son indignation. Il y a là une erreur qu'il importe de rectifier. L'anecdote relative à Fra Sebastiano se rapporte, non pas aux *loges*, mais aux *chambres* de Raphaël, et c'est surtout la fresque de la *Descente des Sarrasins au port d'Ostie*, qui fut alors compromise par des restaurations maladroites ou malveillantes. Lorsque Titien vint à Rome, il logea au Belvédère. S'étant fait conduire dans les *chambres* du Sanzio, il y entra par la salle de *Torre Borgia*, et la première fresque qui frappa son regard fut celle qui fait face à la porte, celle précisément que Sébastien avait si indignement sacrifiée. C'est à la vue de cette mutilation que Titien s'écria : « *Chi è stato quello che ha assassinato questo quadro?...* » Quant aux peintures qui com-

posent la *Bible de Raphaël*, on peut dire que jamais
elles n'ont été ni retouchées ni restaurées, et c'est
pour elles une rare fortune qu'il faut prier le ciel de
leur continuer [1].

On ne saurait trop, en effet, prévenir le goût public
contre les restaurations, car on peut affirmer que ce
sont elles qui ont porté et portent encore tous les jours
les coups les plus douloureux aux chefs-d'œuvre des
maîtres. Sans doute il est pénible de voir une peinture
ou une sculpture dégradée ou mutilée, mais il est
aussi impossible de leur restituer ce que le temps leur
a enlevé, que de faire revivre l'esprit créateur qui les
a produites. Michel-Ange seul a pu retoucher une
statue de Glycon, et encore ne l'a-t-il pas osé deux
fois [2]. Le jour où naîtrait un homme inspiré d'un génie
égal à celui de Raphaël, ce jour-là nous pourrions
peut-être accepter la restauration d'une fresque de ce
sublime pinceau. Mais si la Providence donnait au
monde un pareil bonheur, elle ne permettrait pas sans
doute qu'un tel homme se détournât de sa voie et re-
gardât en arrière autrement que pour admirer et

1. A l'époque où Carle Maratte restaura si malencontreusement
les *stanze*, on songea bien aussi à porter la main sur la *Bible de
Raphaël*. On s'en tint heureusement à quelques réparations d'ur-
gence dans la maçonnerie de certaines voûtes, on répara quelques-
uns des anges en stuc qui décorent les clefs de ces voûtes; mais on
ne toucha pas aux peintures.

2. L'Hercule Farnèse avait été trouvé sans les jambes, et ce fut
Michel-Ange qui restaura cette merveille de la statuaire antique.
Plus tard, en 1560, les jambes originales furent retrouvées, et elles
mirent en pleine lumière l'immense supériorité du travail de Glycon.

s'instruire. Les artistes d'un vrai talent ont le culte des maîtres et n'en approchent qu'avec une tendre admiration. Quant aux restaurateurs, généralement leur habileté leur tient lieu de génie, et ils ne doutent de rien ; ils cherchent, et quelquefois ils trouvent, des procédés à l'aide desquels ils en imposent aux yeux peu exercés, mais le plus souvent ils se contentent de décorer d'un nom nouveau ce qui a été inventé bien des fois déjà avant eux. S'ils avaient une intelligence supérieure, ils comprendraient ce qu'il y a d'immatériel et d'inaccessible dans les chefs-d'œuvre et s'en tiendraient à distance avec un pieux respect. On aura beau reprendre une fresque ancienne; soit avec de la détrempe, soit avec des *tempere*, soit avec des retouches à l'huile ou à l'huile-cire, il sera toujours impossible de lui rendre sa fraîcheur et de lui refaire une virginité. Regardez les pauvres femmes qui n'ont ni le courage ni l'esprit de vieillir, tout l'art de leur coquetterie leur rend-il la grâce et la beauté de la jeunesse? Loin de là, il ajoute à chacune de leurs rides une laideur et un ridicule.

Les fresques des *loges* de Raphaël sont-elles donc menacées d'une restauration prochaine? Espérons qu'il n'en est rien, et qu'on s'en tiendra à l'essai tenté dans la *loge* des Zuccheri[1]. On a été curieux, sans doute, de rendre à une de ces galeries son antique splendeur, et en définitive l'art n'est pas compromis par

1. Cette *loge* fait suite à celle de Raphaël.

une expérience tentée sur des œuvres secondaires.
M. Mantovani, chargé de ce travail, s'en est d'ailleurs acquitté avec beaucoup de zèle et de talent, et a fait preuve d'une grande habileté dans le maniement des procédés du baron Taubenheim. Mais maintenant que voilà un de ces portiques rendu à sa magnificence primitive, cela suffit. Toute tentative semblable sur la *loge* de Raphaël devrait être dénoncée comme un acte d'insigne barbarie, et M. Mantovani, qui est sans doute un homme de goût, repousserait certainement une semblable responsabilité[1].

En matière d'art, les restaurations sont une des

1. Mais ce qu'on peut faire, ce que même on doit faire sans cesse, après s'être incliné devant ces merveilles, c'est de les copier, ou plutôt de les interpréter, en cherchant, à force de goût et d'intelligence, à les restituer dans leur beauté première. Pour une telle tâche, aucun talent n'est trop élevé, ou plutôt il n'est pas de talent, si élevé qu'il soit, que n'élèverait encore un pareil travail. Nous possédons à Paris une suite complète de la *Bible de Raphaël*. De 1834 à 1840, deux artistes d'un vrai mérite, MM. Paul et Raymond Balse, élevés dans le culte de Raphaël et remplis d'un noble enthousiasme pour ce maître, le plus grand des maîtres, ont vécu dans les *loges* Vaticanes, et se sont assimilé la généreuse substance des chefs-d'œuvre qu'elles renferment. Ces intéressantes copies, après avoir attendu sept années dans les limbes, furent exposées un moment, en 1847, au Panthéon, où elles produisirent une vive sensation. Puis elles rentrèrent dans les ténèbres et ne furent plus visitées que par la poussière des magasins encombrés, jusqu'au jour où l'on eut l'heureuse idée d'en orner les deux galeries latérales du palais des Beaux-Arts, où elles sont maintenant. Il est toutefois regrettable que ces galeries n'aient pas les mêmes dimensions que la *loge* du Vatican, car les copies, qui sont de la grandeur des fresques originales, se trouvent comme étouffées dans les pendentifs étroits de ces voûtes artificielles, et elles sont vues en outre sous

formes nombreuses de la destruction, et l'on peut presque dire que ceux qui restaurent sont aussi barbares que ceux qui détruisent. Il y a des exceptions, sans doute, mais tellement rares qu'elles ne font que confirmer la règle générale. Qu'on tente tous les efforts possibles pour opposer une digue à tout ce qui menace l'existence d'un monument, comme a fait Murat pour la *loge* vaticane, rien de mieux; mais il faut s'arrêter là : passer outre, c'est profaner le sanctuaire.

Laissons à la vieillesse sa majesté, laissons aux ruines leur éloquence. Les *loges* de Raphaël sont plus qu'une œuvre d'art incomparable, elles sont un monument historique dont il faut se garder d'atténuer le

une incidence trop aiguë. Il est regrettable aussi qu'un budget trop restreint n'ait pas permis de reproduire sur les piliers de ces galeries les arabesques et les stucs des *loges* de Raphaël, car la décoration qu'on y a placée est d'une pauvreté désolante. Mais ce qui est plus regrettable encore, c'est qu'au lieu d'être placées dans une galerie unique, ayant la même orientation que celle du Vatican. ces copies soient distribuées dans deux galeries de jour opposé, car la moitié de ces tableaux se trouvent alors éclairés à contre-sens. Une peinture comme celle qui représente *Isaac et Rébecca chez Abimélech*, faite pour être opposée à la lumière, perd toute sa valeur si on la place en face de la lumière. Tel autre tableau, la **Rencontre de Jacob et des filles de Laban**, qui a été peint pour être éclairé par la droite, n'est plus à sa place dès que la lumière lui vient de la gauche, etc.

C'est en Russie qu'il faut aller pour voir une restitution complète de la *loge* de Raphaël. Au xviiie siècle, la grande Catherine fit faire, sous la direction de M. Hunterberger, les copies de toutes les fresques, de toutes les arabesques et de tous les stucs, et les plaça à Saint-Pétersbourg dans un local identique à celui des *loges* vaticanes. C'est ainsi qu'au milieu des glaces du Nord, l'œuvre de Raphaël se trouve reproduite dans toute sa magnificence.

sens et la valeur. Les mutilations qui ont dégradé ces
portiques, il faut les respecter, non-seulement par
révérence pour ce qui est beau, mais encore au nom
de l'histoire, car ce sont des blessures qui ont frappé
l'Italie au cœur et qui saignent encore douloureuse-
ment. Recueillons-nous donc au milieu de ces longues
galeries que semble recouvrir un voile mélancolique,
à travers lequel brille d'un doux éclat le génie de
Raphaël et de la renaissance. En présence des traces
sans nombre qu'ont laissées sur les arts et sur Rome
les violences de tous les temps et de tous les peuples,
écoutons les voix intérieures qui murmurent à nos
oreilles les chants de la douleur et de la captivité.
« Assis sur les bords du fleuve de Babylone, nous
« pleurions en pensant à Sion; aux saules du rivage
« nous avions suspendu nos harpes[1]. » — « Hélas!
« reprend en se lamentant le chœur des vierges
« d'Israël, comme ils sont tombés les héros; et leurs
« armes de guerre brisées gisent autour d'eux[2]!... »
Mais aussitôt une autre voix plus intime encore, plus
jeune et plus forte, reprend, en s'inspirant aussi de
l'Écriture : « Pourquoi t'agites-tu ainsi dans ma poi-
« trine, ô mon cœur? Pourquoi bats-tu si haut? Espère
« en Dieu[3]!... S'il n'avait pas été avec nous, quand les
« hommes se sont levés contre nous, ils nous auraient
« engloutis vivants dans leur colère furieuse... Notre

1. Ps. CXXXVII.
2. Samuel, liv. II, ch. Ier.
3. Ps. XLII.

« vie s'est échappée comme l'oiseau s'échappe du
« piége de l'oiseleur[1]... » Fasse Dieu qu'il en soit
ainsi de l'avenir de l'Italie ! C'est surtout au milieu
des ruines et en face des plus rares chefs-d'œuvre
qu'il est doux d'espérer et de croire !

1. Ps. CXXIV.

FIN

TABLE DES MATIÈRES

INTRODUCTION

LOGES DE RAPHAEL AU VATICAN

PREMIÈRE VOUTE.

CINQUIÈME VOUTE.

SIXIÈME VOUTE.

SEPTIÈME VOUTE.

ONZIÈME VOUTE.

DOUZIÈME VOUTE.

TREIZIÈME VOUTE.

CONSIDÉRATIONS GÉNÉRALES

PARIS. — IMPRIMERIE DE J. CLAYE, RUE SAINT-BENOIT, 7.